東大生に教える日本史

本郷和人

文春新書

1483

開講の辞

私は東京大学の史料編纂所というところに勤務しています。ここでの仕事は、『大日本史料』第五編という史料集を編纂することです。ちなみに第一編は仁和三年から寛和二年（八八七年から九八六年）までの百年間で、第三編までが百年刻みになっており、第四編は文治元年から承久三年（一一八五年から一二二一年）、第五編は承久三年から正慶二年（一二二一年から一三三三年）まで。つまり、鎌倉時代を承久の乱で分けて、後半が私たちの担当となっています。もっと詳しく言えば、私の分担である建長年間（一二四九年から一二五六年）の史料を来る日も来る日も読んでいるわけです。

ですから、大学院生相手の授業はありますが、ふだんは一般の学生に教える機会はありません。それが二〇二二年冬学期、教養学部の学生（一、二年生）相手の講義を受け持つことになったのです。

これまで私が行なってきた大学院での授業は、基本的には歴史研究者を目指す人たちに向けてのものでした。そこでは、まず史料をきちんと読めるようになること、そして、その史料をもとに、どんな歴史的な事実が復元できるかを考えることが求められます。これまで積み重ねられてきた膨大な史料と研究成果の「山」に立ち向かい、自分なりの歴史像を探りながら、その「山」に何らかの足跡をつける、もしくは一握りの「新しい史実」を付け加える。そうした方法、読解力を身につけるのが、歴史研究者としての第一歩といえます。

ところがあるとき、私が教えていた大学院生A君から、こんな相談を受けました。

「先生、僕は研究者にはなりません。社会に出て働きたいのです。そんな僕にとって、歴史学はどんな意味があるのでしょうか」

ごくまっとうな質問ですが、私は一瞬、答えに窮しました。というのは、そのとき、大学院で学んでいる学生のほとんどは研究者志望、すなわち大学や研究機関などに就職し、日本史を研究することで食べていこうとしている人たちだったことと、私自身、恥ずかしながら、研究者以外に働いた経験がなかったからです。

しかし、この問いをはぐらかすわけにはいかない。そう考えて、必死に絞り出した答えは、「歴史学は推理の学問だ」ということでした。

当たり前のことかもしれませんが、歴史上起きた事柄のすべてが史料として残されているわけではありません。捨てられたり災害に遭ったりして消えてしまった史料は数知れず、そもそも史料に残されることなく忘れ去られた事実や、関係者だけの「秘密」として書き残されなかった事実も数多くあったはず。また残された史料がこれまた穴だらけです。そうした大きな欠落を、史料以外のさまざまな歴史の知識、そして推理と想像力で埋めていくのが、歴史研究者の修業なのです。

この訓練は、私たちがいま生きている現代社会にも応用できるのでは？　私たちの社会も、実は、答えの見つからない問いだらけです。しかも、解決策を見出すために必要なデータがいつも見つかるわけではありません。そんなとき、手持ちのデータから、どんな全体像を推測できるか。そして、なんとか解決のための仮説を導けるか。こうした知的作業のトレーニングとして、歴史学はけっして無意味ではない——。そんなようなことをA君に語って、社会に送り出したのでした。

さて、問題は教養課程の学生への授業です。彼らは別に歴史学の研究者になろうというわけではありません。私が専門とするところの「史料の読み方、扱い方」を語っても、興味のない外国語の習得を押し付けられたようなもので、かえって拒否反応を招きかねません。歴史に興味を持ってもらう、さらには「歴史について考える」ということを面白いと感じてもらうにはどうしたらいいのか。

新入生たちはもれなく「受験勉強」というものを通過しています。受験勉強における「日本史」は、圧倒的に「暗記科目」という位置付けです。私は、時々「日本史を受験科目から外してもらったらどうか」などと発言して、歴史教育関係者から顰蹙《ひんしゅく》を買ったりしているのですが、「歴史＝暗記」という刷り込みこそ、「歴史嫌い」を増やし続けている諸悪の根源ではないかと、かなり真剣に考えています。

じゃあ、暗記しなくていい歴史講義をやってみよう。それが東大教養学部での講義のメイン・コンセプトになりました。そのためには、「歴史の転換点」、「時代の動き方」にポイントを置いて語ってみようと思ったのです。

受験用の「日本史」だと、歴史とは、すでに起こったことで、過去は変わりようがない、というイメージではないでしょうか。だから教科書に書いてあることを覚えるだけ、となってしまう。

しかし、歴史研究者である私が日々取り組んでいる「日本史」は、そんなおとなしいものの、言い換えれば静的なものではありません。もちろん史実は動きません。織田信長は本能寺で死んでいますし、徳川家康は関ケ原で勝利を収め、ペリーは黒船でやってきます。

しかし、そうした史実をどう意味付けるのかは、いまなお揺れ動いています。教科書の記述だって、実はどんどん変わっているのです。

史実をどのように説得力をもって位置付けるか。そこで重要なのは「歴史像」です。時代がどう変わっていくのか、なぜ変わったのかといった問いに答えるには、この国の歴史、さらには私たちの社会についての見取り図が必要です。その見取り図、すなわち「歴史像」を自分なりにつくっていく作業は、けっして歴史研究者だけではなく、誰でも参加できる知的訓練であり、楽しみではないか。そんな「歴史を考える」きっかけになるような授業にしたいと思いました。

本書は、東大での講義の内容をもとに、新たに語り起こしたものです。今回、お話ししているうちにどんどん話が発展（脱線？）したり、自分でもあらためて考えたりすることも多くあって、かなり内容が膨らんでいます。史実を材料に、論理を組み立て、自分なりの歴史像をつくってみる。そんな楽しさを感じてもらえれば嬉しいです。

東大生に教える日本史

◎目次

目次

第一回講義　鎌倉幕府の誕生

時代はいかに変わるのか？

これから八回にわたり、「この国の歴史は、いつ、どのように動いていったか」を考えていきたいと思います。私自身、気が付くと六十年あまりも生きてきたことになりますが、ふと顧みて「ああ、時代が変わったなあ」と感じることが少なくありません。みなさんも経験した最近の例では、新型コロナの大流行。コロナの前と後とでは、いろいろなことが大きく変わりました。大流行が終わった後も、会議がリモートになったり、在宅勤務の比率が増えたり、夜の町が早く閉まるようになったりと、単に個人の心理だけではなく、社会のあり方にも、少なくない影響を与えています。

これを「歴史的な考え方」でみるとどうなるか。「コロナ大流行→在宅勤務が増えた」という変化には、さらに背景となる「潜在的な動因」があったのではないか、つまり「そもそも毎日会社に行くのは本当に意味があるのか？」、別の言葉でいえば「通勤に割いている多大なコストは実は無駄なのではないか？」という疑問が私たちの間に潜在していたのではないか、という仮説が立てられます。それがコロナの流行によって感染リスクを避けるという新たな状況が現れ、「毎日、全員が同じ時間に出勤」という従来の勤務モデルが成立しなくなり、さらにはITなどのテクノロジーの発展で、リモート会議など在宅勤務が可能であることが分かってしまった。これを図式にしてみると、「潜在的なニーズ↓旧来のモデルの行き詰まり↓変化を可能にする外的条件↓時代が動く」となります。

「武士の世の始まり」だけでいいのか？

そこで、今回の講義で取り上げるテーマは、「鎌倉幕府はどのように時代を動かしたか」です。一口に鎌倉時代といっても百五十年くらいに及びますが、その中でも大きなターニングポイントとして三つの事象を考えてみましょう。まず一つ目は「鎌倉幕府の誕生」、二つ目は「承久の乱」。そして三つ目が「蒙古襲来と霜月騒動」です。最後の霜月騒動はあまり知られていませんが、私は日本の歴史を考える上での重要な問題を含む事件として、これまでも繰り返し論じてきました。

では、まず鎌倉幕府の誕生からいきましょう。

一般的には、鎌倉幕府の誕生といえば「武士の世の始まり」でしょう。すなわち平安時代までの「貴族の世」が終わり、江戸時代に至るまでの武士による支配が始まった、という見方です。

私はこの捉え方は、大きくみると間違ってはいないと思います。鎌倉時代から先の日本の大きな変化のひとつは、武力をベースとした権力（武士）がその支配を強めていったことです。

しかし、そこで見落としてはならないことが二つあります。そのひとつは、鎌倉幕府の成立以降も、それまで権力を握っていた朝廷の力がただちに失われたわけではないことです。これについては、後で詳しく述べますが、歴史は一気には動かない、ときには逆流も起こしつつ、大きな流れが生まれていく。これは、この講義全体のテーマのひとつです。

もうひとつ重要なのは、「貴族の世」から「武士の世」へという見方では、単に国の支配層が天皇、貴族から武士に代わった、というだけになってしまうことです。もちろんトップが代われば、組織も変わる、社会も変わります。しかし、それだけではありません。鎌倉幕府が生まれるまでに、この国の社会、支配のあり方がさまざまな行き詰まりを起こし、変化を求めていた。その解決のひとつが「鎌倉幕府の誕生」だった。逆に言えば、鎌倉幕府の成立で何が変わったかをみることで、この時代の底流に、どんな変化が起きていたかを考えることができるのです。

四つの変化

その変化は大きく四つ挙げられます。

一つは、「政府＝権力の中心」が一つになったこと。それまで日本では天皇を中心とする「朝廷」が唯一の政府でした。そこに「幕府」という新たな「政府」が生まれた。その新しい「政府」は、朝廷とは成り立ちも目的も違うものでした。

二つ目は武力＝軍事力が前面に出るようになったことです。これも後に述べますが、武士のルーツのひとつは、天皇・貴族のボディガードでした。それまで平安期の政治においては、政争に武力が用いられることはなかったのですが、保元の乱（一一五六年）・平治の乱（一一五九年）において、平氏、源氏といった武士が政権抗争に動員され、決定的な役割を担うようになります。いわばパンドラの箱が開いてしまったのです。

台頭した武士たちのうち、主導権を握ったのは平氏でした。勢力拡大を続ける平氏との関係が悪化した後白河上皇は、全国の武士のパワーに頼り、平氏の排除をはかります。そのなかで源頼朝をリーダーとする鎌倉勢が勝利し、東国に軍事政権が誕生するわけです。

私たちは「軍事政権」というと、「暴力による支配」「圧政」といったネガティブなイメージを持ちます。鎌倉幕府の歴史は、源氏将軍でさえも死に追いやる、血で血を洗う権力抗争の歴史ですから、それも間違いとは言えませんが、ここで押さえておかなければならないのは、私たちの考える治安維持や法による裁き、そして国が戦争に巻き込まれないようにすることも、実は日本国家の持つ「暴力」によって支えられている、ということです。これも後に述べますが、暴力を失った政府は、法を守らせる力も持てなくなります。武力によって、法は実効力を持つ。これは「なぜ武士が政権を握ったのか」を考えるうえで重要なポイントです。

三つ目は、東国の自立です。私は「鎌倉幕府の成立によって日本は倍になった」という言い方をしますが、みなさんが受けた歴史の授業でも、鎌倉以前、関東・東北地方はほとんど登場しなかったと思います。八世紀後半から九世紀初めの坂上田村麻呂の「蝦夷《えみし》征伐」や、十世紀前半の平将門の乱、そして十一世紀後半に起きた前九年の役、後三年の役くらいでしょう。しかも、「征伐された蝦夷」、たとえば蝦夷征伐の際に畿内まで連れて来られて殺されたアテルイ側の史料は存在しないので、歴史において、東国はあくまでも朝廷側によって「征伐」される対象でしかなかったのです。

朝廷は圧倒的に畿内、瀬戸内海、そして中国大陸からの入り口である北九州に重心を置く西国政権でした。鎌倉幕府の成立で、「東国」は初めて自立します。このことの意味はとても大きい。

そして最後が「在地」の台頭です。「在地」とは耳慣れない言葉かもしれませんが、朝廷に代表される「中央」に対する地方、地元に根差した人々と言い換えてもいいでしょう。たとえば平安時代を代表する、日本の誇る素晴らしい文学作品に『源氏物語』があります。現在でも、世界的な評価を受け続けている、平安時代を代表する文化遺産に『源氏物語』ですが、では、当時、『源氏物語』を読むことができた人はどのくらいいたのでしょうか。平安時代の人口を推計すると、ざっと一千万人。そのうち貴族とその家族は四千人ほどに過ぎません。『源氏物語』の読者層は最大でもその程度です。

私の考えでは、鎌倉時代は、この四千人以外の人々が歴史に浮上し始めた時代です。あまり結論を先走ってはいけませんが、この「在地」の台頭こそ、この時代で起きた最も重要な変化だと考えます。

その重大な変化はどこで生じたのでしょうか。それは「土地」でした。

その土地は誰のものなのか？

古代における唯一の「政府」は、朝廷でした。では、その支配のあり方はどのようなものだったのでしょうか。しばしば日本の古代は、「律令制を軸に、日本全国を支配した中央集権的な国家」だったと論じられます。しかし、実態はどうだったのでしょうか。

土地支配を例にとって考えてみましょう。古代のみならず、中世、近世においても、日本において支配層がまず押さえなければならなかったのが土地でした。農業を主とする社会で、土地は生産の最大の源であり、人々の居住拠点でした。

七世紀、朝廷は天智（中大兄皇子）、天武、持統の代に、統治強化のための仕組みとして、中国から律令を輸入します。その律令体制においては、「公地公民」、つまりすべての土地と人民は「公」、具体的には天皇のものであるとされました。そして、「班田収授法」によって、ひとりひとりに耕地（口分田）が与えられ、租庸調などの税を課すとしたのです。

しかし、この律令制度は実は「努力目標」に過ぎませんでした。現実には最初から機能していなかったのです。かつては歴史の教科書などでは、「律令制度は、開発した土地の私有を認める『三世一身の法』や『墾田永年私財法』などによって、次第に崩壊していった」といった記述がなされていましたが、実際には、初めから画に描いた餅だったのです。

そもそもこの制度を運用するためには、人口と土地を正確に把握すること、すなわち全国レベルの検地を行ない、すべての住民を登録することが大前提です。そのうえで個々人に土地を振り分けて、六年ごとに更新しなければならず、膨大なデータ収集と、それを管理する高度な事務作業が必要です。これが曲がりなりにも実現するまでには、時代をはるかに下って、十六世紀後半の太閤検地を待たなければならないでしょう。

律令制は、現実からかけ離れた、ヴァーチャルな、理念としてのシステムでしかなかったのです。実際に行なわれていたのは、「取れるところから税を取り立てる」という収奪的で不公平な支配でした。その結果、土地を離れて逃亡したり、浮浪したりする農民が続出しました。地方には国衙《こくが》（現代でいえば県庁）という朝廷の出先機関が置かれますが、この国衙とそこに出入りする地方豪族（在庁官人といいます）の勢力が及ぶ範囲を支配するだけの「点の支配」だったと考えられます。

加えて、律令制度を実行するには、そのもととなる農地も不足していました。朝廷は、七二二年、「百万町歩開墾計画」を出して開墾を奨励したのですが、百万町歩の土地を増やすはずが、十世紀になってもまだ耕作可能な農地が日本全国でも百万町歩に届いていませんでした。

そこで登場したのが「荘園」です。もともと現地には、土地を開拓し、その土地を管理して、農産物の生産を行なっている人たちがいます。そのなかで支配的な立場に立っているグループが、現地の有力農民であり、地方豪族です。これが「在地領主」です。また、中央の貴族や寺社なども、土地の開発に出資していました。

ところが、「公地公民」の建前がある以上、すべての土地は国、すなわち天皇のものであり、在地領主に認められていたのは、あくまでもその土地を使用する権利だけ、ということになります。その権利にしても、国つまり国衙の長である国司に、いつ土地を没収されるか分からないという、不安定なものでした。

そこで、在地領主は、国衙からの干渉を避けるべく、貴族や大きな寺社などに保護を求めます。たとえば「毎年、必ず米四百石を送りますから、国司に手を引くように口添えしてください」といった具合に、口利きを頼むのです。このような口利きの依頼が「寄進」です。そして、土地の権利を保証してもらうことを「安堵《あんど》」と呼びました。

　しかし、寄進を受けた貴族や寺社は、在地領主が、国衙から脅しを受けたり、他の地方豪族から横槍を入れられたりしたとき、本当に守ってくれるとは限りません。彼らが行なうのはあくまで口利きで、中央の貴族が地方の土地を守るために出張ってくれたりはしないのです。とはいえ、寄進を受けた貴族たちも、荘園から入ってくる年貢などの利権は手放したくありません。そこで、さらに上位の貴族などを頼って寄進を行なうのです。たとえば、在地から送られてくる四百石のうち、二百石は上位の貴族に差し出して、「安堵」を願う。こうして寄進先はどんどん上に昇って行って、ついには皇族にたどりつきます。さすがに「公地公民」で全てが自分のものであるはずの天皇が、私有地の権利を安堵するわけにはいきませんから、退位した天皇（上皇）が、そのピラミッドの頂点に立ちます。在地から寄進を受けた貴族を「領家」、そこからさらに寄進を受けた上級貴族や皇族を「本家」と呼びます。

　ここからがややこしいのですが、では、この土地の所有者は誰なのでしょうか？　理念的には「天皇」＝国衙ですが、現地で土地を開発し管理しているのは「在地領主」です。正解は「寄進を受けた本家や領家もふくめ、みんなに土地の権利がある」。つまり、荘園においては、土地の権利は一元化されておらず、複雑に多層化していたのです。

荘園をめぐる関係図

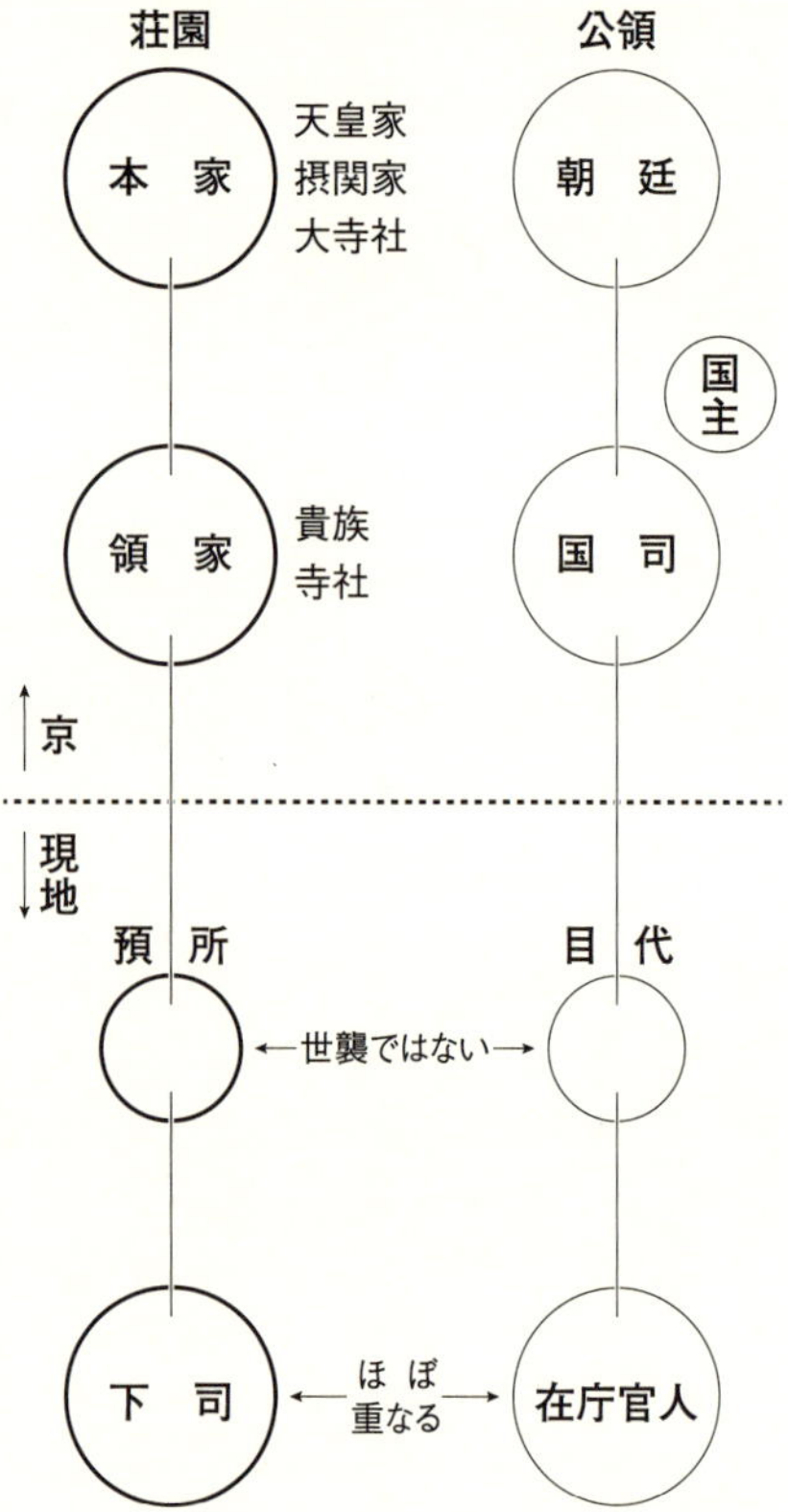

荘園以外の土地、すなわち天皇の土地であるはずの「公領」も、構造は同じでした。現地で税を徴収するなど、土地を管理しているのは、国衙の役人である在庁官人です。その上には、国司によって任命された中央の下級役人である「目代《もくだい》」がいます。国衙のトップであるはずの国司は、次第に任地にも行かなくなり、中央にいたまま、税が送られてくる

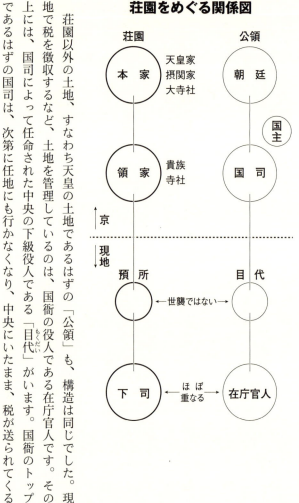

のを待っています。実は、この公領における在庁官人と、荘園における在地領主（下司）は、両者を兼ねている例がほとんどで、ともに同じ地元の有力者グループに属していました。同様に、国司と最初に寄進の受け皿となる貴族層（＝「領家」）も重なり合います。さらに国司のなかでも上層の貴族は「本家」と重なります。

「自力救済」しかない！

さて、ここで在地領主の立場に立って考えてみましょう。土地（荘園）を奪われないために、貴族や寺社など、中央の有力者に寄進しても、前述のとおり、必ずしも土地を安堵してくれるとは限らない。口利きに動いてくれるとしても、その前に国衙や他の豪族が、力ずくで土地を奪いに来たらどうしたらいいのか。考えられる選択は「自力救済」でした。自ら武装することで、自分の荘園を守るほかない。私はこれが「武士」の誕生だと考えています。

歴史学では、この点は議論のあるところです。先にも述べたように、中央で貴族たちのボディガードや警察的な役どころに就いた下級貴族も、武士のルーツだと考えられているからです。「武士が生まれたのは都か、田舎か」問題です。私は「田舎」説を重く見ています。

平氏や源氏のように、地方に活路を求めた下級貴族が武装し、勢力を伸ばしたのも事実ですが、そのさらに背景にあるのは、やはり、最終的には土地を安堵してくれる権力が不在であるという状況でした。ことに中央から遠い東国は、ある意味、権力の空白地でした。そこで「自力救済」を余儀なくされたグループが「武士」であった。だから、東国で最初の武士政権が生まれた、と考えるのです。

武士は、血族などを中心に仲間を集めて連携し、「仲間内の土地には手を出さない」などの取り決めを結びます。しかし、依然として中央の本家や領家も、土地の権利の一部を持っています。彼らから「お前の土地の権利は保証しない」と横槍を入れられることも少なくありませんでした。

そこで、東国の武士たちは長い時間をかけて考えた結果として、「代表者」を求めました。自分たち在地領主の側に立って、いざというときは武力を行使して土地の権利を守ってくれる。さらにはいろいろと口を出す中央と交渉してくれる。そうしたリーダーを求めていたのです。そして、その「代表者」こそが、源頼朝でした。

源頼朝は、河内（現在の大阪府）を拠点とした河内源氏の棟梁、源義家を祖先とし、平治の乱で平清盛に敗れた義朝の嫡男として生まれました。平治の乱で源氏が敗れると、平氏に捕らわれ、処刑されそうになりましたが、清盛の義理の母だった池禅尼《いけのぜんに》が「亡くなった我が子にそっくりな頼朝を殺さないでほしい」と懇願したことから、処刑は免れ、伊豆への流罪となります。その頼朝が平氏を討とうと挙兵するのが一一八〇年。石橋山の戦いでいったん敗れ、房総半島に逃れたところに、東国の武士たちが続々と駆け付けて一大勢力となり、鎌倉に拠点を築きます。そしてついに一一八五年には平氏を滅ぼします。このあたりはＮＨＫ大河ドラマ『鎌倉殿の13人』などでもご存じですね。

なぜ頼朝がリーダーとなれたのか？

ここで問題です。十四歳から二十年間を伊豆で流人として過ごした頼朝は領地も持たず、親や兄弟も死んだり離れ離れになっていて、家来もほとんどいないという状態でした。こんな無力な頼朝がなぜ東国武士のリーダーとなれたのでしょうか。

従来の見方では、「頼朝が源氏の御曹司だったから」ということになります。つまり、家柄、ブランドが決め手である、と。確かに昔も今もブランド力は無視できないパワーですが、それだけで片づけてしまっていいのでしょうか。というのも、これも後にあらためて論じますが、頼朝の死後、政権中枢を担った東国武士たちは、二代将軍頼家、三代将軍実朝を死に追いやります。それだけでなく、頼朝に繋がる源氏の一族を次々と殺していく。もし源氏ブランドが武士のリーダーに不可欠な要素だとしたら、なぜこんなことが起きるのか説明がつきません。

東国武士たちからみると、頼朝は担ぎやすい存在だったことも確かでしょう。東国武士が結集する際に、たとえば上総《かずさ》氏や千葉氏など大豪族がトップに立とうとすると、その時点ですでに政権抗争が生じてしまう。特に挙兵から鎌倉入りあたりでは、家柄はいいが、自前の武力をほとんど持たないからこそ、頼朝はそれらの豪族を束ねるのにちょうどいい存在だったと思われます。

私が重要だと考えるのは、頼朝軍が戦勝を重ねたあと、ことに富士川の戦いで平氏に勝利した後です。頼朝は、その勢いで京都に進軍しようとしますが、有力豪族である上総広《ひろ》常《つね》や千葉常胤《つねたね》、三浦義澄らが「そのほかの驕者、境内に多し」、すなわち「東国にはまだ、常陸の佐竹氏をはじめとする反頼朝の勢力も少なくない。西を目指すのは、そうした勢力を討伐してからだ」と反対します。

ここで頼朝は上総らの要請に応えることを選びました。彼ら東国武士が求めていたのは、平氏を打倒することでも、ましてや京都に上って朝廷に仕えることでもありませんでした。あくまでも東国の平定と、土地の安堵。これに応えることが、自分の使命であると自覚した。言い換えれば、頼朝はここで東国武士たちのニーズをはっきりと見極めたのだと考えます。もっとも先にも述べたように、頼朝の本当の手勢と言えるのは北条氏くらいで、大軍勢を率いる上総らに離反されたら、とても京都進軍どころではなかったのも実状でしょう。

いずれにせよ、この東国武士の期待によく応えることができたのは、頼朝の優れた政治力だったといえるでしょう。頼朝は、東国武士たちの土地支配を保証する（本領安堵《ほんりょうあんど》）とともに、ともに戦い、敵対勢力から奪った土地を褒美として適切に配分します（新恩《しんおん》給与《きゅうよ》）。東国武士たちは、それによって生じた頼朝への「御恩」に応えるために、御家人として命令に従う（奉公）。たとえば合戦に参加して、命を賭けて戦う。これが頼朝と東国武士との間に結ばれた主従関係でした。

頼朝が他の東国武士たちと一線を画していたのは、早くから大江広元や三善康信ら京都の下級貴族を、文官としてスカウトしたことです。この時代、東国武士の大半は文字が書けませんでした。朝廷では当然、文書による行政が行なわれていますから、事務能力では雲泥の差があったといえるでしょう。頼朝は、京都から中原親能やその弟、大江広元らを連れてきます。さらに伊豆に流されていたころから頼朝に京都の情勢を伝えていた三善康信もやって来て、行政の業務に従事しました。彼らによって、頼朝政権は土地の権利の確定や配分などを行なう事務能力を備えることができたのです。

こうして東国において、土地支配を、誰よりも迅速に効率よく実行できる権力が生まれます。頼朝を軸に結束した「武士の、武士による、武士のための政権」、これが鎌倉幕府でした。

朝廷との交渉

頼朝が東国において武士のリーダーたり得たもうひとつの理由として、朝廷との交渉力が挙げられます。先にも述べたように、東国武士の土地を安堵するには、既得権益を独占する朝廷と渡り合い、折り合いをつける必要がありましたが、東国において、そのような外交力を持っていたのは、京都生まれの京都育ちで、人脈もある頼朝くらいだったのです。

頼朝は富士川の戦いのあと、十年間、一度も京都に足を踏み入れることなく、東国を治めることに専念します。御家人に対しても、朝廷から官位をもらうときは、必ず自分を通すように厳命し、勝手に朝廷からの任官を受けてしまった御家人に対して、「もう東国（具体的には美濃国墨俣《すのまた》から東）に戻ってくるな。帰ってきたら死罪にするぞ」と脅すなど、徹底して朝廷に近づけないようにしていました。

そうした状況をまったく理解できず、後白河上皇の罠にまんまとはまり、勝手に官位を受けて、頼朝を激怒させたのが源義経です。ここからが頼朝と後白河の外交戦です。後白河上皇は義経に頼朝追討の院宣《いんぜん》を出しますが、それは効力を発揮しませんでした。すると今度は頼朝が北条時政を千騎の兵とともに上京させ、後白河上皇に院宣を撤回させます。加えて義経追討の名目で、全国に守護を、そして荘園や国衙領に地頭を設置する権利を認めさせるのです。この守護・地頭の設置により、東国のみならず、全国に御家人を送り込むことが可能になりました。一一八五年のことです。

頼朝はこの義経追討に伴い、義経をかくまったとして、奥州藤原氏をも攻め滅ぼします。そして藤原氏の領地を自らの領地に加え、御家人に分配することで、東国統治の基盤を固めていきました。

　後白河上皇との外交戦はこの後も続きますが、ここでみておきたいのは、一一九〇年、千騎の軍勢とともに頼朝が上洛したときのことです。東の権勢者となってはじめて後白河と対面した頼朝は、「君の御事を私なく身にかえて思候」（自分の身に代えても、後白河上皇のことを大切に思っています）と語ったと『愚管抄』に書かれていますが、私が注目するのは、その次の言葉です。頼朝は、「頼朝様は朝廷のことばかり気にしているが、わたしたち東国だけでやりたいようにやればよい」と発言した上総広常を、梶原景時《かじわらかげとき》に命じて殺させたと、後白河上皇に伝えます。それくらい自分は朝廷に恭順の意を尽くしている、というわけですが、その言葉には言外に二つのメッセージが込められているのではないか。ひとつは「大豪族である上総氏さえ、自分の一存のもとに殺させ、しかも何の揺らぎも見せないほど、私は東国において権力を確立している」ということ、もうひとつは「私が治めているからこそ東国は落ち着いているのであって、自分がいなくなると、荒々しい東国武士たちを抑えきれなくなるよ」という脅しです。義経追討をめぐって北条時政を派遣したときもそうでしたが、朝廷との重要な交渉では必ず千騎という、当時としては大軍を伴っているのも、頼朝が自分のパワーの源泉が武力であることをよく知っていた証でしょう。

このように、頼朝には二つの役割がありました。ひとつは「東国の在地領主たちに土地を安堵する」ことです。さらに平氏や藤原氏との戦いで獲得した領地を配分することで、東国武士たちからの支持はますます高まっていきます。もうひとつは「それを既存の〝政府〟である朝廷に認めさせる」ことです。この二つが可能なのは、頼朝だけだった。それが「なぜ頼朝が東国武士のリーダーたりえたのか」という問いに対する答えとなります。

中世の中心は「王家」？

さて、ここまで「頼朝がつくった鎌倉幕府は、在地領主である東国武士のニーズに応える在地政権である」と説明してきましたが、実はいまの歴史学界には別の説を唱える研究者も少なくありません。それが「権門体制論」です。これは大阪大学の教授だった黒田俊雄先生が一九六〇年代から唱えた学説ですが、ごく簡単にいえば、それまで武士の時代として論じられてきた中世史を、天皇を軸として捉え直す壮大な理論でした。いまではむしろこの権門体制論のほうが学界の主流といってよいでしょう。

この講義のはじめにも述べたように、中世に入って、いきなり武家の支配が確立したわけではなく、朝廷はその土地支配、徴税権、警察権といった権力を失っていませんでした。その意味では、「中世は武士の世の中」というそれまでの図式に対する批判としては、大きな意義のある議論だったと思います。それに対して、東京大学の石井進先生や石井先生の師である佐藤進一先生などは異議を唱えます。佐藤先生は「東国国家論」を提示し、西の朝廷に対し、鎌倉幕府を朝廷とはもう一つ別の、東国の国家と位置付けました。これまでの説明でもお分かりのように、私もこの東国国家論の延長で、鎌倉幕府を捉えています。

いささか学説史めいた、このような議論を取り上げるのには理由があります。この権門体制論をめぐる議論には、歴史の見方に対する重要な問題があると考えているからです。すなわち、歴史をひとつの「体制」、言い換えれば構造として捉える考え方と、大きな流れ、つまり「変化」に着目する見方という相違です。

そこで、権門体制論について、もう少し詳しく検討してみます。

権門体制論とは、中世において、王家（天皇や上皇）の下に、公家（貴族）、武家（武士）、寺家（寺社）といった「権門」が相互補完しながら支配者層を形成し、民衆を統治していたという理論です。公家は政治、武家は安全保障、寺家は祈禱、つまり本来の意味での「祭りごと」で王家を支えていた。権門とは、世襲によって受け継がれている有力な家です。

権門体制論では、あくまでも国家の中心は王家にあり、王家を上位に頂く形で、三つの権門が並び立つとされます。つまり、中心は武士（武家）ではなく、王「家」を指します。

権門体制論によると、鎌倉幕府は、どのような位置付けとなるのでしょうか。黒田先生は、平安時代の「律令体制」が、源平の合戦によって全国的な戦争状態となったことで崩壊し、代わって登場したのが権門体制だとしています。そして、鎌倉時代、室町時代を通じて権門体制が続き、戦国時代という百年に及ぶ内乱期を経て江戸幕藩体制に移行していくとしています。つまり、鎌倉幕府は自立した政権ではなく、あくまで王家を支える武家として位置付けられるのです。

この権門体制論が支持される理由を、私なりに整理すると、大きく三つあります。

ひとつは、寺家、つまり寺と神社という勢力を明確に位置付けたことです。それまで漠然と「大きな勢力」として認識されていた寺社ですが、中世において、有力な寺社は寄進によって広大な領地を持ち、僧兵などの武力も備え、自らの権益の維持、拡大もはかります。宗教を背景にした一大勢力であったことは間違いありません。黒田先生は、特に天台宗と真言宗を、王家を支える宗教権門と規定しました。権門体制論のなかでも「顕密体制論」と呼ばれるこの理論は、天台宗の総本山である比叡山延暦寺が平安京の王城鎮護の寺院とされ、仏教の中心的役割を果たしていたこと、天台・真言両宗のトップが、皇族や上級貴族の子弟で占められていることなど、まさに「権門の相互補完」を鮮やかに説明しています。もっとも、私はこの顕密体制論における鎌倉新仏教の位置付けにも異論があるのですが、それは後にあらためて論じます。

もうひとつは、先ほども述べた荘園支配の構造を説明できたことでした。寄進を受けた貴族（公家）や寺社（寺家）が、さらに安堵を求めて、皇族、つまり王家（天皇家）に寄進を行なうという構造です。統治の構造と土地支配の在り方を重ね合わせることで、権門体制論は一定の説得力を持ちました。

そして三つ目、私はこれが一番大きいと思うのですが、中世史を「権門体制」という構造で捉えた点です。歴史をひとつのモデルとして捉え、さまざまな事象をそのモデルと結びつけて論じることができる。しかし、これはともすれば、歴史をスタティック（静的）に捉える傾向を有します。たとえば先にも見たような朝廷と鎌倉幕府の主導権争いなども、「相互補完」の一語で包摂することができるのです。とはいえ、たとえば承久の乱のように、鎌倉幕府が武力で朝廷軍を打ち負かし、上皇や天皇を流刑や退位に処したようなケースも、果たして「相互補完」で説明できるのだろうか、というのが私の疑問です。

「東国」からの反論

前にも述べましたが、一九七〇年代になると、権門体制論にいくつかの批判が加えられました。石井進先生は、「そもそも中世に国家は存在したのか」という問いを立てることで、「常識的にみて中世にも国家はあった」とする権門体制論に疑問を呈しました。つまり、権門体制論は、王家を頂点とする国家を自明のものとして前提しているけれど、それは本当に中世の実態から導かれたものなのか、権門体制というモデルが先行して、そこに実態を都合よく当てはめて論じているのではないか、と問うたのです。

さらに八〇年代には、佐藤進一先生が「東国独立国家論」を唱えます。鎌倉幕府は京都の朝廷から半独立的な東国政権であったとして、幕府と朝廷は「相互に依存した状態から、不干渉・自立へと変化する」としたのです。前にも述べたように、私も鎌倉幕府を東国政権と捉えており、佐藤先生の所論には多大な影響をうけていますが、幕府と朝廷は「相互不干渉」と言い切ってしまった点は、佐藤先生の勇み足ではないかと考えています。朝廷からの自立＝土地を独自に安堵することは、鎌倉幕府の最大の課題でしたが、武士政権と朝廷とのせめぎ合いは室町期まで続いているからです。

興味深いのは、権門体制論を唱えた黒田俊雄先生は京都大学出身、東国政権説を重視するのは、佐藤、石井両先生以下、東京大学系の研究者が多かったことです。「東国」の研究者である私からすると、関西の学統はどうも朝廷を重視しすぎる傾向があるようにも思えますが、おそらく向こうでも「本郷は東国にこだわり過ぎだ」と言っているかもしれません。

では、いまの高校の教科書では、どのように教えられているのか気になって、山川出版社の『日本史探究　詳説日本史』という教科書を開いてみました。

「東国は実質的に幕府の支配地域であり、幕府が行政権や裁判権を握り」「国衙の任務は守護を通じて幕府に吸収されていった」とする一方、「この時代には、京都の朝廷や貴族・大寺社を中心とする荘園領主の力もまだ強く残っていた。（略）政治の面でも経済の面でも、公家と武家との二元的な支配がこの時期の特徴であった」

とあります。またこんな記述も。

「幕府は守護・地頭を通じて全国の治安の維持に当たり、また年貢を納入しない地頭を罰するなど、一面では朝廷の支配や荘園・公領の維持を助けた」「しかし幕府は、東国はもちろん、東国以外でも支配の実権を握ろうとしたために（略）対立も深まっていった」

まさに権門体制論と東国政権論がせめぎ合っているようですね。

あらためて問う、鎌倉幕府の成立は何年？

鎌倉幕府は王家と相互補完し、軍事を担当する武家だったのか。それとも自立を求める在地領主たちがつくった東国政権だったのか。これは、有名になった「鎌倉幕府はいつできたのか？」問題にもあらわれています。かつての教科書では「いい国つくろう鎌倉幕府」で、一一九二年が鎌倉幕府の成立とされていましたが、今は一一八五年、「いい箱つくろう」になっていますね。この二つの違いは何か。

一一九二年は頼朝が征夷大将軍に任じられた年です。誰が任命したのか？　当然、朝廷＝王家です。朝廷による承認を重視する点では、権門体制論的な見方ともいえるでしょう。

かつては征夷大将軍は、「武家の棟梁」「東国の支配者」を意味するもので、その地位を朝廷から与えられることで、頼朝の権力強化につながったとされてきました。しかし、実態をみると、頼朝が征夷大将軍に任じられる前と後とで、幕府のあり方も、頼朝の権力も、何も変わっていないのです。「征夷大将軍」という称号も、何ら実態的な権限が付与されていない、名誉職的なものに過ぎなかったことが分かっています。そもそも頼朝は、朝廷から与えられるいくつかの役職（権大納言、右近衛大将など）に対して辞退と早期の辞任を繰り返しています。征夷大将軍についても、就任の二年後には、辞任の意向を示しました。

それに対し、一一八五年は、先にも見たように守護・地頭の設置の年です。頼朝を中心とする東国政権が、全国に勢力を広げることを朝廷が追認したわけで、鎌倉幕府を東国と中央のせめぎ合いと捉えると、確かにひとつの区切りといえるでしょう。

しかし、私は一一八五年説にも、いまひとつ納得がいきません。守護・地頭の設置を認めたのは朝廷です。一一八五年説も結局は、「朝廷が承認したから、幕府が成立した」という構図は変わりません。

しつこいようですが、鎌倉幕府をつくったのは頼朝であり、彼を担いだ東国の武士たちでした。むしろ朝廷の思惑に反し、その力を削ごうとするさまざまな妨害にも耐えて、辺境の在地領主たちのグループ（私は「頼朝とその仲間たち」と呼んでいます）が勝手に力をつけてしまったのです。

その点を重視するなら、鎌倉幕府の成立はずばり一一八〇年。頼朝が鎌倉入りした年です。重要なのは「土地の安堵」です。ここまでに三浦、安西、上総、千葉、さらには足立、畠山、河越、江戸といった東国の武士たちが参集し、頼朝はすでに独自に土地の安堵を始めているのです。この状態はまさに「東国政権の成立」といえるのではないでしょうか。この説の難点はただひとつ、私以外に誰も支持者がいないことです。

ここで押さえておきたいのは、「鎌倉幕府成立は何年か？」という問いは、けして単なる年号の暗記問題ではないということです。鎌倉幕府とはいかなる政権であったか、という問題に直結する、本質的な問いなのです。

第二回講義　頼朝の死から元寇まで

なぜ「頼朝の後継者」は殺されたのか？

鎌倉幕府は「武士の、武士による、武士のための政権」である。言い換えると、在地領主たちが自力で立ち上げ、朝廷に認めさせた政権であることは、前回の講義で述べた通りです。そして、それを可能にしたのは平氏をも圧倒した、彼らの武力でした。その強力な武力を統御したのは、源頼朝のカリスマと政治力だったといえます。武士の統率、土地をめぐる事務処理、朝廷との交渉において、頼朝は抜きんでた能力を発揮します。

しかし、頼朝の死後はどうなったか？　実力＝武力本位の東国の在地領主たちは、なんと源氏将軍家さえ滅ぼしてしまうのです。

そもそも頼朝は、その晩年に、長女である大姫を後鳥羽天皇の妻にしようと考え、一一九五年、妻・政子、大姫とともに京都に上り、大姫入内のために奔走します。結局、大姫の病死により、計画は頓挫しますが、こうした朝廷への接近は、御家人の間に、ある種の不信感を生みました。「頼朝様は、東国ではなく、朝廷のほうを向いているのではないか」というわけです。

そして、頼朝の死後、そうした不満が噴出したのが、梶原景時の失脚でしょう。梶原景時は、頼朝に命じられて上総広常を誅殺《ちゅうさつ》するなど、非常に忠実な部下であり、「鎌倉の本体の武士」、つまり頼朝の第一の家来とも評されていた人物です。頼朝の跡を襲い、二十一歳だった嫡男の頼家が将軍の座に就いてからも、側近中のナンバー1と目されていました。

しかし、若い頼家には、当然のことながら、頼朝ほどの実績もカリスマ性もありません。頼朝にしても、度重なる戦勝とそれによる恩賞によって、御家人たちの信頼を固めていったのです。

一一九九年四月、頼家が家督を継いだ三カ月後、鎌倉幕府は十三人の有力者による合議制を導入します。これを仕掛けたのは、頼朝の義父である北条時政だと考えられますが、有力御家人たちはその提案を支持しました。

梶原景時に弾劾の火の手が上がったのは、その年の十月のことでした。景時の排斥を求め、三浦義村、和田義盛をはじめとする六十六名が連判状に署名し、頼家に提出したのです。

梶原が疎まれた一因には、京都との近さもあったのではないでしょうか。梶原は義経の平氏追討を補佐し、頼朝の上洛にも同行しています。事実、連判状を突きつけられた梶原は一族を率いて、京都に向かいました。その途中で襲われ、梶原一族は滅亡したのです。

さらに頼家の最大の庇護者であった比企《ひき》氏も滅ぼされ、頼家は将軍の座を追われて、伊豆の修善寺に幽閉、北条氏によって暗殺されてしまいます。頼家はついに政権の主導権を握ることはできませんでした。「頼朝の後継者」であっても、自分たちのニーズに応えることができなければ放逐してしまう。鎌倉幕府には、そんなドライさがあります。そして、それは鎌倉幕府が、「将軍あっての幕府」ではなく、「御家人が担いでこその将軍」だったことも物語っています。

実朝はなぜ朝廷に接近したのか？

頼家の弟である三代将軍、実朝は、父頼朝が行なった政治に近づこうと努力したとされています。政治的決断も自ら下そうとし、政務を行なう政所も整備しました。一方では、自作の歌集『金槐和歌集《きんかいわかしゅう》』で知られるように、和歌をはじめ京都の文化にも傾倒します。

実朝は、当時「治天《ちてん》の君《きみ》」と呼ばれ朝廷に君臨していた後鳥羽上皇に対して、和歌を通じて、接近を図りました。後鳥羽上皇も、自分の母親の実家である坊門家の信子を実朝の正室とし、実質的に、実朝の外戚に準ずるポジションを得ます。さらに後鳥羽上皇は、実朝をまたたく間に右大臣にまで昇進させ、近臣である源仲章《なかあきら》を鎌倉に派遣し、実朝の学問の師とします。その意味で、実朝は晩期頼朝の朝廷接近路線を受け継いだともいえるでしょう。実朝にとって京都への接近は、将軍としての権威の強化でもあったと考えられます。

こうした実朝を、強いリーダーシップを備えた将軍と評価する向きもありますが、私は、そうは考えません。むしろ、リーダーシップを発揮しようとしたこと、朝廷との良好な関係を築こうとしたこと自体が、実朝の暗殺につながったと見ています。

なぜなら、御家人たちが求めたのは「強い将軍」でも「京都との密接な関係」でもなかったからです。むしろ、まったく逆です。御家人たちは「俺たちは京都と関係なく、自分たちで自分たちのことを決めるために、頼朝様に従った。それなのに、実朝様は上皇の言いなりになって、自分たちの方を見ていないのではないか？」と考えるようになったのです。これは、「武士の、武士による、武士のための政権」であった鎌倉幕府の存在基盤を揺るがすものでした。

一二一九年、鎌倉の鶴岡八幡宮での儀式を終え、石段を降りていた実朝に、頼家の子である公暁の一味が襲い掛かります。その公暁もすぐに殺されますが、奇妙なことに源氏の直系も幕府によって次々に抹殺されて根絶やしにされました。そもそも実朝が殺されても、執権である北条義時をはじめ、誰も事件の背後関係を追及していないのです。

実は、実朝が生きているときから、鎌倉幕府は次期将軍として朝廷から養子を迎えようとしていました。御家人＝東国の在地領主からすると、別に将軍は源氏でなくても構いません。ただ、朝廷との交渉は今後も不可欠です。だから宮将軍を担いでおこう、というわけです。むしろ実朝の退場は、義時や北条政子ら幕府首脳にとって想定内だったのではないか、と思えてなりません。実際、実朝暗殺後、鎌倉幕府は既定路線通り、後鳥羽上皇の皇子を四代将軍として迎えようとします。

これに怒ったのが後鳥羽上皇でした。後鳥羽上皇からすると、実朝こそがまさに「王家を支える武家」のトップとしてふさわしい人物でした。その意味で、後鳥羽上皇の幕府観は、「権門体制論」的だったといえるでしょう。その実朝をあっさりと殺されてしまったのです。後鳥羽上皇からみれば、「皇子を次の将軍に」という幕府の要求は、大事な息子を人質に寄こせ、と言っているのに等しいものだったといえます。

後鳥羽上皇はなぜ承久の乱を仕掛けたのか？

後鳥羽上皇は、歴代の天皇のなかでも、知的にも体力的にも秀でた人物として知られています。膨大な荘園を財源として、朝廷軍を強化するとともに、西国を中心に、本来、将軍と主従関係を結んでいるはずの御家人をスカウトし、朝廷側につけていきました。「頂点に君臨するのはあくまでも王家であり、武家は、軍事部門として王家を支える立場にすぎない」「そもそも将軍を任命しているのは朝廷である。だから、鎌倉の幕府が治天の君である自分の命令に従うべきだ」と考える後鳥羽上皇と、あくまでも御家人の利益を代表しようとする幕府は、地頭の設置などをめぐって、対立を深めていきます。

鎌倉で御家人たちの統率にあたっていたのは北条義時でしたが、後鳥羽上皇からすると、そもそも朝廷が任命したわけでもない、将軍の補佐役に過ぎないはずの「執権」が幕府を代表して自分に逆らうこと自体、看過し得ない事態でした。

朝廷と幕府の対立が決定的に深まると、後鳥羽上皇は幕府の追討を決断します。承久の乱です。

後鳥羽上皇は、有力御家人に対し、義時追討を命じました。ところが御家人たちにとって、義時はあくまで御家人の代表です。義時を討つことはとりもなおさず、自分たちが作り上げてきた東国政権の否定になります。東国の御家人たちは、朝廷の支配下に置かれることを拒否し、京都に向かって進軍を開始します。その数は、私の推計ではおよそ一万。当時としては驚くほどの大軍です。それに対して朝廷軍は『吾妻鏡』に記されている千七百余騎が妥当な数字と考えられます。

承久の乱は、圧倒的な兵力の差の前に、朝廷側の敗北に終わりました。そもそも後鳥羽上皇のシナリオでは、武士たちが自分の命令にしたがって、義時たちを討つはずでした。東国武士があれほどの大軍で京都に攻め入ってくるとは想定していなかったのかもしれません。後鳥羽上皇は、戦争放棄、軍備の放棄を宣言します。

これに対して、幕府軍の総大将、北条泰時は、朝廷側についた御家人を処刑し、後鳥羽上皇の近臣らを厳しく処断しただけでなく、後鳥羽をはじめ三上皇の配流を決めました。さらに、四歳だった仲恭天皇を退位させ、後鳥羽上皇の兄で、天皇になったことのない守貞親王の子を即位させるのです。武家が上皇を刑に処し、天皇の人事を決定するという、前代未聞の事態が起きました。

この承久の乱以降、幕府と朝廷の力関係は、幕府優位に大きく傾きます。天皇の代替わりに際しては、朝廷は必ず幕府にうかがいを立て、幕府は意に沿わない場合には「武力を使ってでも即位を阻止する」という姿勢を示します。武力を放棄した朝廷は、幕府の武力の前には無力でした。

前回、鎌倉幕府の三つのターニングポイントを挙げましたが、承久の乱は、鎌倉幕府だけにとどまらず、武士政権の優位を確立した日本史上のターニングポイントといえるでしょう。

一方、幕府のトップは将軍ではなく、御家人のトップである北条氏となりました。ある意味で、「御家人の、御家人による、御家人のための政権」がここにおいて成立したといえます。しかし、頼朝政権以来幕府を支えてきた、三浦氏などの有力御家人にとっては、北条氏は自分たちと同格の存在だったはずです。北条氏が権力を次第に独占するにつれて、彼らの不満は高まりました。それに対して、北条氏は不満分子を武力によって次々と潰していきます。同格の相手との戦いですから、調停者はいません。流血の抗争が続きます。「武力をベースとした実力主義の政権」である鎌倉幕府の負の側面ともいえるでしょう。

元寇は避けられたか？

鎌倉幕府の三つ目のターニングポイントとなったのは、元寇です。ここで幕府は、外国と交渉する外交権を行使しました。つまり対外的にも、この国を代表する政権であることを示したのです。しかし、その手際はかんばしいものではありませんでした。歴史的に検証すると、元寇は避けられた戦い、不要の戦いであった可能性が濃厚です。

一二〇六年、チンギス・カンによって建国されたモンゴル帝国（一二七一年に国号が「大元」となる）は、日本に使者を送り、通交を求めていました。現在の研究では、その文面が丁寧なもので、威圧的なものではなかったことが分かっています。朝廷が返書を作成しようとすると、幕府は「いや、それは俺たちがやりますから」と交渉を引き受けます。しかし、だからといって、代わりに返書を作るわけでもない。その後の無為無策ぶりからしても、幕府は元との交渉に関して、明確な方針を立てていたとは思えません。このとき、きちんと返書をするか使者を送っていれば、元寇は起きなかったかもしれませんが、実際に幕府がしたことといえば、使者を無視し続けることでした。だからといって、朝廷に任せておけばよかった、というわけでもありません。朝廷が用意していた返書の文案が残されていますが、居丈高で夜郎自大であること、幕府の外交姿勢とあまり変わりはありませんでした。

いずれにしても、六六三年の白村江の戦い以来、日本は対外戦争を経験していませんでした。大陸文化の必死のキャッチアップであった遣唐使が廃止されてからも四百年ほど経っています。その間、対外交易はなされていましたが、国家として外国に向き合ってこなかったことが、幕府、朝廷の外交のまずさからうかがえます。

「全国国家」を目指すか、「東国国家」にとどまるか？

モンゴルが南宋に勝利し、朝鮮半島も制圧すると、さすがに幕府にも危機感が高まり、九州に所領がある御家人たちに防備を整えるよう命じます。そしてついに一二七四年、元と高麗の軍勢が博多沖に現れ、火薬兵器を使って攻撃、上陸をはじめるに至り、鎌倉幕府は、現地に在住する「御家人ではない武士たち」にも動員令を出すのです。

二回の元寇がいかなる戦いであったか、「神風」は吹いたのか、などについては、今回の講義では扱いません。ここで問題にしたいのは、元寇によって、幕府が新たな問題と向き合わざるを得なくなったことです。

本来、幕府の命令に従う必要などなかった非御家人を動員したことで、幕府は全国の武士の代表者となりました。これは、幕府の権力の拡大である一方で、御家人による政権である幕府の根幹を揺るがす問題でした。「幕府とは何か、誰のためのものか」が問われることとなるのです。

まず現実問題としては、元との戦いに「奉公」した非御家人たちにも、「御恩」を与えるかどうかが議論になります。しかも、国内での戦であれば、獲得した土地を「御恩」として分け与えることも可能ですが、元に勝っても、新たに獲得した領地などありません。恩賞の問題に頭を悩ませる幕府では、「非御家人も一丸となって命がけで戦ってくれたのだから、御家人と同じように褒美を与えられるべきだ」と主張する安達泰盛ら「オールジャパン派」と、「いや、この幕府は、御家人のための政権である。非御家人にそこまでする必要はない」という平頼綱ら「御家人ファースト派」とが対立します。

私はここに「国家像」をめぐる対立が生じていた、と考えます。つまりもともとは「東国武士のための政権」だったはずの鎌倉幕府が、元と外交を行ない（返事をしない、というまことに拙劣な外交ではありますが）、かつ戦争も行ないました。これは「国家」としての振る舞いになります。そこで幕府は、「日本を代表する本格的な全国国家」を目指すか、単に支配地域を拡大させただけの「東国国家」にとどまるかという選択を迫られたのです。

権門体制論からすると、あくまで中世国家を支配するのは王家であって、鎌倉幕府は「武家」として勝手に外国との交渉を買って出て戦争しただけ（寺家は祈禱によって戦争に「参加」しています）、ということになるかもしれませんが、日本の国内だけでなく、海外を相手とした国防体制となると、より一元的な国家モデルが必要となってきます。元寇はまさに、幕府にそうした問題を突きつけてきたのです。

安達泰盛はなぜ排除されたか？

結局、二度目の元寇（「弘安の役」）が終わると、安達泰盛は非御家人を恩賞の対象に含めます。これまで幕府とは無関係だった武士を御家人として取り込み、幕府を関東ローカルの政権から、オールジャパンの全国政権へとバージョンアップしようと考えたのです。

頼朝が開いた幕府が「鎌倉幕府1・0」、承久の乱で朝廷を破り西国進出を果たしてからを「鎌倉幕府2・0」とするなら、元寇という外国からの脅威に対応し、再び安全を脅かされる可能性を危惧した安達泰盛は、さしずめ「鎌倉幕府3・0」を目指していたとでもいえるでしょうか。しかし、「御家人ファースト派」にしてみれば、オールジャパン体制は、自分たち御家人の既得権益を脅かすものでしかありません。

泰盛による幕政改革も行き詰まりをみせるなか、弘安の役から四年後の一二八五年、安達泰盛と平頼綱の間で武力衝突が勃発します。これを泰盛の謀反として、軍勢を動員した平頼綱は、安達本家一族を滅ぼしただけでなく、全国で泰盛派の御家人たちの掃討作戦を開始します。これが「霜月騒動」です。不明の点が多い事件ですが、安達一族のみならず泰盛派まで一気に壊滅させたことを考えると、頼綱をはじめとする「御家人ファースト派」は以前から準備を進めていたと考えられます。

安達泰盛の描いた「オールジャパンの鎌倉幕府」は実現しませんでした。その意味で、「元寇と霜月騒動」は未完のターニングポイントだった、といえるかもしれません。そもそも鎌倉幕府の初期設定は「御家人のための政権」でした。元寇という外圧は、はからずも、その限界を示したとみることもできます。

では、「武士の、武士による、武士のための政権」の限界は、どのように克服されていったのか？　それは次回以降の講義に譲るとしましょう。

なぜ朝廷は「徳政」に力を入れたのか？

自分の専門であることもあって、ついつい鎌倉幕府について深入りしてしまいました。今回の講義はまだまだ続きます。実はここからがメインテーマ、「在地の台頭」です。

そこで取り上げたいのは、二つの「徳政」です。ひとつは朝廷、もうひとつは幕府によるものですが、この二つのベクトルはまさに正反対といっていい。

まず朝廷による「徳政」から。時期は承久の乱の後にさかのぼります。

承久の乱に敗れたことで、朝廷の権威は一気に失墜しました。それによって生じた実害は、税収減です。人々は、朝廷が安堵の担い手だと思えばこそ、税を納めてきたのですが、東国に幕府というもうひとつの政権があり、朝廷はそれに負けて、治天の君までが流刑になったとなると、もう朝廷の言うことを聞いても仕方がない、ということになります。

慌てた朝廷は、人々の信頼をつなぎとめるために、何らかの手を打つ必要に迫られました。土地の安堵とは、見方を変えると、土地をめぐるトラブルの仲裁、解決です。そこで、藤原氏北家嫡流の出身である九条道家を中心として、朝廷が取り組んだのが、「雑訴《ざつそ》の興行」と「人材抜擢」でした。雑訴とは、さまざまな訴えのこと。当時の「訴訟」は、今のような刑事・民事の裁判だけでなく、政策の立案や、幕府・大寺社との交渉、貴族・僧侶・神官の人事なども含んでいました。しかし、持ち込まれる事案のほとんどは、土地をめぐる争いです。これを双方の言い分を聞いて、裁定しようとしたのです。

さいわい、朝廷には、法の知識や文書処理能力といったソフトパワーが蓄積していました。道家は、さらにそのソフトパワーを充実させるために、中下級の貴族から人材を抜擢して実務にあたらせます。まずは、実務に精通した下級官人を集めて、荘園関係の書類を蓄積・保管していた記録所（文殿《ふどの》）を政務機関として整備しました。さらに中級貴族のなかから有能な者を抜擢、道家に対して政策の提言を行なう仕組みを作ります。このように「雑訴の興行」と「人材抜擢」はセットの政策でした。これは、朝廷が初めて政治的な責任を果たそうとしたという意味で、画期的な出来事でした。

興味深いことに、このとき朝廷が裁判の基準としたのは、実は法律ではなく、「道理」でした。律令はここでも役に立たなかったのですね。道理、すなわち、当時の常識、輿論、世の空気が落ち着くところにしたがって、落としどころを見つけようとしたのです。法による峻厳《しゅんげん》な裁きよりも、関係者みんなの納得です。さらにいえば武力を持たない朝廷には、せっかく裁判で決着させてもきちんと履行させる強制力がありませんでした。法治には、それに実効力をもたせる武力が要るのです。

しかし、道理による解決を説いても、聞き入れない人たちもいます。特に厄介だったのが、比叡山延暦寺、春日大社といった大寺社でした。朝廷と違い、寺社はまだ自前の武力を保持しています。裁きに納得がいかないといっては、僧兵や神人《じにん》を繰り出して、暴力による恫喝（強訴《ごうそ》）を続けました。そうなると、朝廷はお手上げです。

結局、最後に朝廷が頼るのは、幕府の武力でした。九条道家が四代将軍・頼経の父だったこともあって、この時代の朝廷は、幕府と宥和的な関係を築いており、幕府も朝廷の徳政を後押ししていました。寺社の強訴が手に負えなくなると、朝廷は朝廷内における幕府とのパイプ役である「関東申次」を通して、幕府に頼み、六波羅探題の武力を動かしてもらうのです。この「関東申次」を務めたのは、はじめは道家の腹心たち、のちには承久の乱で幕府に味方した数少ない貴族である西園寺家が任にあたりました。こうして幕府の力を借りて、朝廷は、ようやく徳政を行なうことができたのです。

「撫民」と鎌倉新仏教

一方、鎌倉幕府の執権、北条泰時は、一二三〇年から翌年にかけて日本全国を襲った寛喜の大飢饉の際には、飢えに苦しむ民衆に米を配りました。民を慈《いつく》しむ「撫民《ぶみん》」政策の萌芽といえるでしょう。泰時といえば、承久の乱の現場司令官です。その後も京都にとどまり、六波羅探題として行政を担当しました。泰時のこうした施策には、朝廷が始めた「徳政」の影響も大きかったと考えられます。

さらに「徳政」「撫民」といった政策が登場した背景には、宗教の存在がありました。人々の救済を重視する浄土宗の思想です。第四回の講義で詳しく述べたいと思いますが、浄土宗や禅宗などの「鎌倉新仏教」は、在地領主や民衆といった、中下層の階層からのニーズに応えて広がりました。特に、法然が説いた浄土宗は、ただひたすら阿弥陀如来を信じ、「南無阿弥陀仏」と念仏を唱え続ければ、誰でも極楽浄土に往生できるというものでした。名もない人々の救済を目指し、誰でも実践できる点で画期的だったのです。

ここで紹介したいのは、『広疑瑞決集《こうぎずいけつしゅう》』に収められている、法然の孫弟子である敬西房《きょうさいぼう》信瑞《しんずい》と信濃国の御家人、上原敦広との問答です。上原が「私は、仏教を信仰するために、寺院を建立し、塔を建て、仏像を作っている。だが、その費用は荘園の民衆に払わせた税金である。信仰のために、民衆を苦しめていることについて、果たして仏は、喜んでくれるのだろうか」と問いかけると、信瑞は、「喜ばない」と答えます。「まず民衆の生活を楽にしてあげなさい」、それが仏の教えであるというのです。この信瑞は、第五代執権、北条時頼の大叔父で最も信頼を寄せるブレーンでもあった極楽寺重時の師でもありました。時頼はその政策の中で、「撫民」という概念を積極的に打ち出した執権でしたが、重時とともに、信瑞の教えを受ける浄土宗信者でもあったのです。

浄土信仰は、平安期の貴族の間でも流行しました。藤原道長も死の床で、阿弥陀如来像の手から自分の手に糸を繋ぎ、僧侶に経を読ませ、念仏を唱えながら極楽浄土に往生することを祈って死んでいきます。しかし、彼ら平安貴族が祈ったのは、あくまで自分自身の救済に過ぎませんでした。

道長の視界には、ついに「民」は入ってくることがなかったでしょう。「徳政」「撫民」の登場は、「民」が支配層の関心の対象としてクローズアップされてきたことを意味します。

御家人はなぜ借金に苦しんだのか？

さて、「徳政」にはもうひとつ、幕府による「徳政」があると予告しました。それは一二九七年の「永仁の徳政令」です。教科書などでも太字で書かれる重要ワードです。こちらは元寇から十六年後、霜月騒動から十二年後に、幕府によって発されました。その内容は、御家人の田畑の売買禁止、そして、御家人が借金のカタとした土地の権利をもとに戻す、というものでした。つまり、御家人への借金は実質的に帳消しにする、というお触れです。困窮する御家人の救済を目的としたもので、「御家人ファースト」そのものの政策でした。

しかし、少し考えれば分かる通り、一時的には負債がなくなって助かるものの、もう御家人にお金を貸してくれる人はいなくなります。借金とともに、御家人の信用もなくなるのです。事実、この後も幾度となく出される徳政令によって、御家人はますます困窮していきます。

ここで見落としてはならないのは、「御家人たちはなぜ借金をしなければならなかったか」です。分割相続による所領の細分化、第三次元寇（来ませんでしたが）に備えるための出費などが原因にあげられますが、その根底にあったのは、貨幣経済の浸透でしょう。

鎌倉末期には、農業の発展により、畿内や西日本一帯で二毛作が普及し、商品作物も栽培されるようになっていました。織物や、鍛冶や鋳物師などの手工業者がつくった商品も流通するようになり、遠隔地を結ぶ商業取引では、売買の手段として、米などの現物に代わって、貨幣（中国から輸入される宋銭）が利用されるようになっていきます。こうした貨幣経済は、一二二六年から一二五〇年くらいにかけて日本の隅々にまで浸透したと考えられます。土地を売るときの証文を見ると、それまでは米で売り買いされていたのが、この時期に銭に変わっているからです。

鎌倉幕府は基本的に「土地と農業」を基盤とした政権です。御家人たちが何か欲しいものを得ようとすると、土地を担保に借金するしかありません。御家人の借金苦は、貨幣経済がそこまで盛んになっていたことをあらわしています。そして、ものの売り買いにたずさわる商工農の人々が、貨幣経済の担い手として浮上してくるのです。

さあ、話はつながってきました。ここまで述べてきた事象は、政治、経済、宗教、社会といった広範な領域で、これまで顧みられることのなかった在地のプレイヤーが歴史の舞台に登場してきたケースとして捉えることができます。

まず権力の空白地帯だった東国で、在地領主が台頭し、自前の政権を築いた。それが鎌倉幕府でした。元寇では、幕府と主従関係を結んでいない非御家人までが動員されます。非御家人をも、「武士」というプレイヤーの一員として取り込まねばならない事態に直面します。

承久の乱以降、朝廷が行なった「徳政」は、貴族だけではなく、さまざまな人々の訴えを受け付けます。さらに庶民の救済を追求した浄土宗の広がりは、「撫民」という政治思想にも影響を与えます。そして貨幣経済の浸透。

以上、鎌倉時代を時代の動きに着目して俯瞰《ふかん》してみました。時代はさらに進み、室町時代になると、武士政権の枠組みも、幕府と朝廷の関係も、貨幣経済の発展も、また新しい局面を迎えます。では、次の講義で。

第三回講義　室町幕府、西か東か

鎌倉後期の朝廷は「対幕府協調路線」だった

今回の講義は室町時代。メインテーマは「西か東か」です。この「西」は朝廷のことでもありますが、時代の転換という意味でもっと重要なのは「京都」という土地になります。「京都」に象徴される時代の変化に、足利氏を中心とする武士政権がどのように向き合ったか。それが大きなテーマになるのです。

鎌倉幕府の滅亡というと、みなさんはどのようなストーリーを思い浮かべますか。後醍醐天皇が倒幕の命令を下し、そこに楠木正成、新田義貞、足利尊氏といった武将が加わって幕府が倒れた――。こんな感じでしょうか。これはいわば『太平記』史観といえます。

しかし、実態はどうだったのでしょうか？

実は後醍醐天皇の登場以前、鎌倉後期の朝廷は、基本的に幕府との協調路線を取っていました。しかもこの時期の天皇には、学問を深く学び、「徳政」を追求する、いわゆる「名君」が多いのです。その代表が、後醍醐天皇の一代前、「哲人天皇」とも称される花園天皇でしょう。宋学に通じ、自ら『論語』の講義も行なった花園天皇ですが、有名なのは時の皇太子（後の光厳天皇）に与えた「誡太子書《かいたいしのしよ》」です。ここには花園天皇の考える、あるべき天皇像が示されています。原文は格調高い漢文ですが、内容の一部を紹介しますと、〈太子長於宮人之手、未知民之急、常衣綺羅之服飾、無思織紡之労役、鎮飽稲粱之珍膳、未弁稼穡之艱難、於国曾無尺寸之功、於民豈有毫釐之恵乎、只以謂先皇之余烈、猥欲期万機之重任、無徳而謬託王侯之上、無功而苟莅庶民之間、豈不自慙乎〉

織紡とは糸を紡ぎ布を織ること。稼穡《かしよく》は耕作の意味です。全体の大意は、〈太子は宮中の女官たちによって大事に育てられ、いまだ世の人々の苦しさを知っていない。常に綺麗な衣服を着ているが、それを織り紡ぐ労役がどれほど大変かに思いが至らない。耕作の苦しみも知らないで、いつも供される豪華な料理に飽きている。あなたは国家のためにはまだ少しも功績を立てておらず、人々のためにも何もしていない。先祖である歴代天皇のおかげだけで、万機の重任（重い天皇の位）に上ろうとしている。徳も功もないのに人々の上に立つことが、恥ずかしいことだとは思わないのか〉

なかなか厳しい内容ですが、ここで注目したいのは、前回の講義でも論じた「民への視線」です。服を織り上げる労働、食卓を支える農作業に思いが至らなければ、天皇たる資格がない。そう説いているのです。花園天皇は禅宗を深く信仰し、読経や念仏も欠かさなかったと伝えられています。

もっとも、この花園天皇の「誡太子書」には、元ネタがあります。名君といわれた唐の太宗が家臣たちと交わした問答集『貞観政要』にずばり「教誡太子諸王」という篇があるのです。そこには次のような言葉が――。

〈(王朝の創業の苦労を知る王たちは、驕慢にならず、勤勉で、細やかな配慮を怠らなかったのに対し、その子孫は)多く太平に属し、深宮の中より生れ、婦人の手に長じ、高危を以《もっ》て憂懼《ゆうく》と為さず。豈《あ》に稼穡の艱難《かんなん》を知らんや〉(第三章)

〈荊王(太宗の弟)諸弟の如きに至りては、深宮より長じ、識、遠きに及ばず。豈に能《よ》く此を念《おも》わんや。朕、一食毎に、便《すなわ》ち稼穡の艱難を念い、一衣毎に、則ち紡績の辛苦を思う。諸弟何ぞ能く朕を学ばんや〉(第五章)

タイトル、文意、細かなワードまで、花園天皇が『貞観政要』を下敷きにしたことは明らかでしょう。この『貞観政要』は、七世紀末ごろ編まれたもので、中国の歴代王朝の君主たちも学んだ「帝王学の教科書」として知られています。後代では元のフビライ、清の乾隆帝も愛読したとされ、日本では北条政子、徳川家康、徳川吉宗などが学者に命じて、講義をさせています。篤学の花園天皇が読んでいるのは当然といえます。

後醍醐天皇の父、後宇多天皇も訴訟制度の改革に取り組むなど、花園天皇から「末代の英主」と称えられた天皇でしたし、その次の代の伏見天皇もやはり訴訟制度の大規模な改革を行ない、九条道家以来の「徳政」に励んでいます。

なぜこの時代に「名君」が輩出したのか？　私はそれを解くカギは、朝廷にとっての「二つの試練」、すなわち承久の乱と両統迭立《りょうとうてつりつ》にあると考えています。承久の乱後、朝廷が徳政路線に向かったことは前回の講義で述べた通りです。両統迭立は、一二七二年、後嵯峨上皇が死に際し、次の治天の君の指名を幕府に任せるとしたことに始まります。幕府は大覚寺統と持明院統の二つの皇統が交互に治天の君（上皇）と皇位（天皇）に就くことを決めます。これが「両統迭立」です。ここには天皇家を二つに分けることで、両者の力を削ごうとする幕府の意向があったと考えられます。

両統はそれぞれ、次期天皇について幕府にお伺いを立てるまでになりました。その一方で、この両統迭立は思わぬ効果も生みました。両統の天皇候補たちは、幕府や朝廷の貴族たちを味方につけるために、人望を集めようと、競い合うように勉学に励んだのです。私はこれを「徳への競争」と呼んでいます。

承久の乱で武力を失い、「徳政」＝人々へのサービスを統治の武器にするほかなくなったこと、両統迭立で「徳への競争」を余儀なくされたこと、さらにはサービス向上（訴訟の充実）のために、能力による人材登用を行なったことで、鎌倉後期の朝廷の政治力はアップしていたのです。そして、この時期の朝廷は、前にも述べた通り、幕府との協調路線でした。そもそも幕府の意に反したら、天皇になることも難しいわけです。

朝廷でも危険視された後醍醐天皇

そんな状況のなか、後醍醐天皇はいろいろな意味で異例の人物でした。後醍醐天皇の父、後宇多天皇は大覚寺統に属していましたが、幕府の要請により、持明院統の伏見天皇に譲位します。その後、寵愛していた自身の第一皇子を後二条天皇として即位させました。この後二条天皇は後醍醐天皇の兄にあたります。この後二条天皇が若くして亡くなると、次は持明院統の花園天皇。そして、その次がまた大覚寺統の番になりますが、そこで後宇多上皇は、後二条天皇の子である邦良親王を天皇にしようと考えたのです。しかし、花園天皇が即位した時点では、邦良親王はまだ八歳と、皇太子になるには若過ぎました。そこで、一代限りの中継ぎとして後醍醐天皇が担ぎあげられたのです。

いずれは天皇の座から降ろされることが分かっていた後醍醐天皇でしたが、後宇多上皇が院政を停止したために、天皇親政を行ないます。しかし、自分の次には邦良親王が天皇となり、その次の大覚寺統の天皇は邦良親王の子に継がれる可能性が高い。そうなれば治天の君はもう自分ではなく、邦良親王になってしまいます。

後醍醐が政権を握り続けるには、天皇の人事権を保持しなくてはなりません。そのための最大の障害は、天皇の人事を決定する幕府でした。そこで後醍醐天皇は、倒幕を掲げるのです。

ところが、前述したように、当時の朝廷の主だった貴族は、幕府との協調路線を望んでおり、後醍醐天皇の倒幕志向は、彼らから危険視されていました。

後醍醐天皇の側近とされる「三房」、すなわち吉田定房、万里小路《までのこうじ》宣房《のぶふさ》、北畠親房《ちかふさ》の三人も、実際は幕府との協調につとめていた後宇多上皇の側近でした。たとえば軍事司令官としても活躍し、南朝を支えた北畠親房は、武家の役割を高く評価しており、「倒幕」一辺倒で武士の台頭をまったく認めなかった後醍醐天皇とは、根本的に路線を異にしていたのです。後醍醐天皇は新しい人材を活用したという評価もありますが、これまで朝廷が育成してきた優秀な人材からは相手にされなかった、という方が実情に近い。そもそも天皇親政にこだわる後醍醐天皇は優秀な人材を使いこなすことができなかった。いや、使おうという発想すらなかったのでしょう。

そのうえ、倒幕の呼びかけに応じた武士たちも、楠木正成を除けば、無名で大きな兵力を持たない中小の武士が多く、到底、幕府を倒すのに十分な軍事力とはいえませんでした。

結局、正中の変（一三二四年）、元弘の変（一三三一年）と、二回のクーデターはともに失敗に終わり、後醍醐天皇は隠岐島に流されてしまいます。

ところが、ここからが後醍醐天皇の真骨頂でした。見通しも甘いし、人望もなく、戦術にも長《た》けていないけれど、とにかくエネルギッシュなのです。承久の乱に敗れ、やはり隠岐島に流された後鳥羽上皇が、失意のうちにその地で生涯を終えたのに対して、後醍醐天皇は、決してあきらめませんでした。なんと、隠岐島を脱出してしまうのです。そして、幕府が滅亡したと聞いて、京都に戻ります。

つまり、鎌倉で北条一族が滅びた時点では、後醍醐天皇は隠岐から本土に上陸、姫路の円教寺などで幕府滅亡の祈願を行なっていた程度で、京都にも入っていません。これで「後醍醐天皇が鎌倉幕府を倒した」といえるのでしょうか。

誰が鎌倉幕府を倒したのか？

朝廷側における倒幕の功労者を挙げるなら、やはり後醍醐天皇の息子の護良《もりよし》親王でしょう。後醍醐天皇が不在の間も、倒幕の令旨《りょうじ》を出し続け、吉野で挙兵して戦い、常に騒乱状態を維持しようと努めていたからです。しかし、そんなゲリラ戦で幕府が倒れるはずもありません。

では、誰が幕府を倒したか。答えはひとつ、足利尊氏です（もともとは足利高氏ですが、倒幕後に後醍醐天皇の諱《いみな》、尊治の一字をもらって尊氏となります。この講義ではすべて尊氏とします）。尊氏は、もともと隠岐を脱出した後醍醐天皇を討伐する幕府軍の総大将でした。その尊氏が有力御家人たちに、「幕府はもうだめだ。俺が新しい幕府をつくる」と呼び掛けたとき、鎌倉幕府の命運は尽きたのです。尊氏が反旗を翻してから一カ月もたたないうちに、幕府は滅亡します。

北条得宗家による専制体制が続いていた鎌倉幕府は、その他の御家人たちの信頼をなくしていました。「御家人ファースト」からさらに矮小化された「得宗家ファースト」になってしまっていたのです。とはいえ、武士たちが求めていたのはあくまで「御家人の面倒をちゃんとみてくれる武士の代表」、つまり「よりまともな新しい幕府」でした。天皇親政など望むわけがありません。鎌倉幕府は、武士たちに見放されたから潰れたのであり、それに代わって、「よりまともな新しい幕府」の担い手として名乗りを上げたのが足利尊氏だったのです。足利家は源氏の名門であり、尊氏は執権の妹を妻としていました。鎌倉幕府の後継者として担ぐのにもってこいの人物だったのです。

ところが、後醍醐天皇はそうは考えませんでした。あくまでも、幕府を倒したのは自分だと思い込んでいたのです。そこで、建武の新政を宣言して政権を発足させたのですが、そこには足利尊氏をはじめとする武士たちの居場所はありませんでした。さらに護良親王さえも排除されてしまいます。護良親王は、自らが武家の棟梁となって新たな幕府を発足させることを望んでいましたが（権門体制論的発想ですね）、後醍醐天皇にとっては王権は絶対に一つであるべきであり、幕府の存在など認めるはずもなかったのです。

後醍醐天皇に仕えていた北畠顕家（親房の子）は、建武の新政への批判を天皇に上奏していますが、その中で、「各地に朝廷に忠実な軍政官を置いて、彼らに地方の行政と軍事を任せるべきだ」というような地方分権制を提言しています。言い換えると、「全国に小幕府をつくる」という構想です。しかし後醍醐天皇は、武士の処遇について何ら定見を持っていませんでした。後醍醐天皇は、なぜ武士が台頭し、東国政権を維持してきたのか、という歴史の流れをまったく理解しようとしなかったのです。

当然の帰結として、建武政権は崩壊します。三年足らずという短命の政権でした。

なぜ足利尊氏は京都を選んだのか？

足利尊氏もまた、後醍醐天皇に対して、自分を征夷大将軍にせよと求めますが、断られていました。

そんな中、一三三五年七月、北条高時の遺児、時行が兵を挙げて鎌倉を占拠します。これを中先代《なかせんだい》の乱といいます。時行は『週刊少年ジャンプ』で連載されている『逃げ上手の若君』の主人公ですね。このとき、彼はなんと六歳でした。

これに対し、尊氏は鎌倉を守っていた弟の直義を救援するために関東へ下ります。その際、再び自分を征夷大将軍に任命するよう、後醍醐天皇に要請しました。東国の武士が求めているのは「新しい幕府」です。その期待があるために、北条時行のようにたった六歳の少年でも、北条家の嫡男であれば兵が集まり、鎌倉を占拠できたわけです。それに対抗するには、尊氏が征夷大将軍となるのが最も効果的であることは間違いない。しかし、それは後醍醐天皇が最も否定したい「尊氏幕府」の成立にほかならず、後醍醐が認めるはずはありませんでした。

ここに至って、尊氏が選択したのは、源頼朝と同じ道でした。つまり、鎌倉幕府初期の頼朝と同じように、尊氏個人の名前で「あなたの土地を保証します」という形式の文書、「尊氏の袖判下文《そではんのくだしぶみ》」を発給するのです。尊氏は、意識的に自分が頼朝の再来であることを演じていたと思われます。その結果、東国の武士たちは続々と尊氏のもとに集まっていきました。中先代の乱はわずか二十日で終わり、尊氏は鎌倉で独自に恩賞を与えます。これに対し、同年十一月、後醍醐天皇は、尊氏が反乱を起こしたとして、討伐軍として新田義貞を関東に派遣しますが、尊氏はこの戦いに勝利します。一時は新田義貞・北畠顕家軍に敗れ、九州まで逃げ延びますが、翌一三三六年、再び京都に戻ってきた尊氏は、建武式目を定めます。これをもって、室町幕府の成立としています。

ここが難しいところですが、鎌倉幕府の成立を、頼朝が独自に土地の安堵を始めた一一八〇年とする本郷流の解釈からすると、室町幕府の成立は一三三五年でもいいはず。しかし、ここは一三三六年でいいのです。なぜなら、今回の講義の冒頭で予告したように、「京都」という場所が重要になってくるからです。

尊氏は鎌倉で新しい幕府をつくることもできたはずです。そもそも直義に助太刀する形で関東に行ったのも、関東の武士たちの期待に応えるためでした。しかも尊氏の右腕である直義も「東国に残るべきだ」という意見でした。足利政権において、尊氏は軍事と土地の安堵、恩賞の配布を担当し、それ以外の行政全般は直義にゆだねていました。尊氏にとって直義は単なる弟ではなく、自らの分身以上の存在だったのです。

それなのに、なぜ尊氏は京都を選んだのか。

まず考えられるのは、朝廷との関係でしょう。確かに室町幕府樹立後も、後醍醐天皇は吉野で南朝を立て、抵抗戦を続けます。その後、尊氏と直義の間の対立が激化、内戦状態となってしまったこともあり（観応《かんのう》の擾乱《じょうらん》）、攻守、敵味方が入り乱れる南北朝時代が五十年以上も続いてしまいました。

そもそも地形的に防衛が困難な京都という土地に幕府を置いたことも、混乱が続いた一因でした。防衛上の利害を優先するのであれば、直義のいうとおり、朝廷とは距離を置いて、最初から東国に拠点を築いていればよかったのかもしれません。

私は、尊氏の選択において、決め手となったのは経済だったと考えます。前回の講義でも述べたように、鎌倉時代の中期、十三世紀の半ばには貨幣経済が国内に浸透しました。農業生産力が向上し、各地に特産品が生まれたことで、日本列島に商品の流通網が整備されていきます。特に、波の穏やかな瀬戸内海は、物資の大量輸送に適しており、海上交通の要となって堺と博多を結んでいました。その堺と京都が結ばれたことで、都市同士を結ぶ物流の太いパイプラインが築かれます。そして、その経済ネットワークの中心に位置するのが、京都でした。つまり、全国の物資とお金が、京都に集まってきていたのです。

京都に幕府を置く最大のメリットは、効率のよい徴税が可能なことでした。鎌倉幕府では、御家人が現物、つまり米や絹などの布、馬などを税として取り立てていたのに対し、室町幕府は商品に課税して、銭で納めさせます。「お前たちの商売が成り立つように、流通網は俺たちが守ってやる。だから、税金を納めなさい」という理屈です。銭は腐ったりかさばったりしないので、扱いやすく運びやすい。「酒屋」や「土倉」などの金融業者に「酒屋役」「土倉役（倉役）」を課したことで、さらに徴税の効率はアップします。農民たちは税の取り立てが過酷だったり凶作が続いたりすると逃散《ちょうさん》といって、村から逃げ出してしまうこともあります。これに対して酒屋や土倉は倉庫を動かすことができないので、取りはぐれなく確実に徴収できるのです。酒屋役、土倉役は室町幕府の重要な財源となりました。

室町幕府が酒屋役、土倉役の徴収をはじめる前は、朝廷がこうした商人たちから徴税していました。当時の貴族は、寄進された品物を土倉に持っていって、銭に換えてもらうという形で、土倉を利用していました。前回、承久の乱のところで、後鳥羽上皇の経済力について触れましたが、当時の京都には、天皇家の代表的な荘園群である八条院領荘園を構成する荘園が二百二十カ所、長講堂領荘園が百八十カ所あり、それぞれ二百億円くらいの年収があったという試算があるほど、富が集積していたのです。

この時期になると、「来年と再来年の徴税をあなたに任せるから、その分の銭を先にくれ」という具合に、荘園の権利を銭に換えるビジネスもあらわれます。それを請け負うのも土倉です。土倉の配下がその荘園に派遣されて、経営、管理を請け負って、税を現物で徴収します。

そして現物を運ぶのではなく、現地で為替手形を切って京都などに送金する、といった為替による商業活動も活発になっていきます。為替手形には焦げつくリスクもありますが、そうしたリスクと、腐ったりかさばったりする現物を運ぶコストを計算したとき、リスク込みで為替を扱ったほうが全体として利益が出る。そうした計算が成り立つほど、貨幣経済は発達していたのです。

鎌倉幕府は貨幣経済に背を向け、御家人中心の東国政権にとどまることによって滅びました。その轍《てつ》を踏まないために、尊氏は、流通と経済の中心地である京都を拠点としたのではないでしょうか。さらにいえば、尊氏は東国と京都を行き来したり九州に落ち延びたりしています。はからずも当時の経済の大動脈を自ら実地検分したともいえます。

ちなみに南北朝時代は、中央の政争が全国各地に飛び火した時代でもありました。北畠顕家は多賀城（宮城県中央部）に拠点を置き、津軽まで兵を送っています。一度は京都で敗れた足利尊氏は九州に落ち延び、再起を果たしますが、その後、九州では南朝の懐良《かねよし》親王が現在の熊本を拠点に大宰府を鎮圧したり、足利直義の養子、直冬《ただふゆ》の一党も暴れまわっています。尊氏のみならず、さまざまなプレイヤーが北へ南へ走り回ったのです。

なぜ義満は「貴族でもトップ」を目指したのか？

尊氏は朝廷否定論者ではありませんでした。むしろ前述の通り、後醍醐天皇に征夷大将軍の任命を求めるなど、朝廷の権威に頼り、利用しようとしています。後醍醐天皇と対立してからは北朝を擁立したり、直義と対立した後は一時、南朝に与《くみ》したりと忙しいのですが、一貫して、朝廷との関係を保とうとしています。

京都に拠点を置き、銭を基軸とした財政を確立する一方、朝廷との関係も有効に活用する。それが尊氏の描いた足利幕府のグランドデザインだとすると、それを実現したのが尊氏の孫である三代将軍の義満と、義満が子どものころから補佐役を務めた細川頼之《よりゆき》でした。

義満は、貴族としても出世していったという点で、これまでの将軍と一線を画していました。尊氏と、その息子の二代将軍義詮《よしあきら》の官位が権大納言までであったのに対して、義満は、内大臣、左大臣、太政大臣へとのぼります。「平清盛だって太政大臣になったじゃないか」と思うかもしれませんが、清盛は、内大臣から右大臣と左大臣をすっ飛ばして太政大臣になっています。これは決してスピード出世などではなく、貴族の世界では、右大臣、左大臣という具合に、段階を踏んで一つずつ上がっていくほうが、格が上なのです。

特にポイントは左大臣です。これは朝廷の伝統的な儀式を指揮する立場なので、貴族としての本格的な知識がなければ務まりません。義満は、細川頼之がつけた家庭教師、関白を五度も務め、朝廷儀礼や古典に精通した当時を代表する文化人の二条良基《にじようよしもと》によって、しっかりと貴族としてのたしなみを身につけていたのです。逆にいえば左大臣を務めてこそ、名義だけの官職ではなく、貴族社会で本物の有力者とみなされます。事実、義満は武士のトップであると同時に、朝廷においても最高実力者として君臨するのです。

本来、武士である義満が、貴族として本格的なキャリアを積んだのは、おそらく細川頼之による戦略だったのでしょう。その戦略とは、武士の長である将軍、義満が、貴族のトップを兼ねることによって、朝廷を呑み込んだ「室町王権」をつくることでした。

なぜ東国を切り離したのか?

なかでも重要なのは京都の掌握でした。一三七八年、義満は、京都の室町の地に「花の御所」と呼ばれる邸宅の造営を開始します。室町時代の「室町」は、この地名に由来しています。義満は「室町殿」と呼ばれるようになりました。

それまで京都の行政・治安・司法を担当していたのは朝廷の検非違使庁《けびいしちょう》でした。それを幕府の侍所《さむらいどころ》の管轄へと移したのです。さらに重要なのは、この侍所がついに京都における課税権も手にしたことです。先にも述べたように、酒屋や土倉に対する徴税権も、朝廷から室町幕府に移ります。こうして室町幕府は、日本最大の経済都市である京都を支配下に置きました。莫大な税収を確保するとともに、最大の流通拠点を掌握したのです。

さらに室町幕府は、寺社の支配に乗り出します。それまで、京都の土倉などを実質的に経営していたのは、天台宗の総本山、比叡山延暦寺の僧でしたが、義満は、その役割を禅宗に切り替えたのです。京都を実効支配する主体が、朝廷の検非違使庁と比叡山延暦寺から、侍所と禅宗に取って代わられたことで、京都の勢力地図は大きく塗り替えられました。

また義満－細川頼之は、東国の切り離しにも着手します。

もともと尊氏は、関東地方を管轄するため関東公方を置きました。自分の子どものうち、嫡男義詮を次代将軍とし、年が離れた基氏を鎌倉の公方、つまり関東公方に任命したのです。相模・武蔵・安房・上総・下総・常陸・上野・下野・伊豆・甲斐の十カ国が、関東公方の管轄でした。しかし、基氏は、観応の擾乱、南北朝の争いなどが続いたこともあって、九年間ほとんど鎌倉に入れず、埼玉県の入間川に在陣を余儀なくされたように、関東をきちんと支配することができない状態が続きます。基氏の子で、二代関東公方となった足利氏満に至っては、義満に対して挙兵を企てるなど、中央のコントロールが利かなくなります。そこで義満と細川頼之は、一三九二年、陸奥や出羽の統治も関東公方に任せる、というある意味アメを与える措置を定め、室町幕府の責任が及ぶ範囲を中部地方から西に限定したのです。

貨幣経済を軸として考えた場合、いまだに貨幣がいきわたっておらず、現物経済が強い関東地方、東北地方の重要度は低くなります。一方で、朝鮮や中国との取引を考えると、瀬戸内海から九州はどうしても押さえておきたい。つまり、京都を拠点に定めた足利政権は、義満の代になって、ついに東国を切り離し、本格的な西国政権として機能しはじめたといえるでしょう。

そして義満－頼之政権の総仕上げが、南北朝の合一でした。これは義満が貴族社会でもトップに立ち、京都の利権を朝廷から奪ったことによって、もはや朝廷が幕府にとって恐れるに足りない存在となったことを意味します。

一三三六年、尊氏が後醍醐天皇に代わる新たな天皇として、持明院統の光明天皇を皇位につけ（北朝）、それに対して、後醍醐天皇が吉野で自分こそが正統な天皇だと主張したことで（南朝）、南北朝の分裂が始まります。それから五十年あまりを経て、一三九二年、南朝の後亀山天皇から北朝の後小松天皇に三種の神器が渡されることで両朝の合一が果たされます。このときの和約では、再び北朝と南朝が交互に皇位に就く両統迭立が復活することになっていましたが、実際には、北朝系（持明院統）の天皇が続き、今に至っています。

義満は天皇になろうとしていたのか？

幕府と朝廷のトップを兼ね、「室町王権」を確立した義満は、自ら天皇になろうとしていたのではないか――。そんな説を唱える研究者もいます。しかし、私はそうではなかったのではないか、と考えています。なぜなら南北朝の合一で、実質的に「誰が天皇になるか」を決める権力を行使した義満は、すでに天皇を超える立場、いわば治天の君的な存在となっていたからです。

義満と天皇をめぐるテーマで、もうひとつ興味深いのが「日本国王」問題です。

明（中国）からの呼び掛けに応じて、一四〇一年、明に使者を送り、国交を開いたときのことです。中国には伝統的に自国を中心とする国際秩序（華夷秩序）を構築するという観念があります。明と貿易を行なうには、日本国王が明の皇帝に貢物を捧げ（朝貢）、その返礼として品物を受け取るという形式に則らなければなりません。そのため、義満は明の皇帝から「日本国王」の称号を得ました。ここには貿易以外の義満の意図があったという見方があります。

佐藤進一先生は、義満が朝廷からの離脱を望んでいたという論を展開していました。つまり義満は、実質的には幕府と朝廷の支配者ですが、その地位は形式的には依然として天皇の任命によるものです。明から「王」と認められることは、形式の上でも朝廷の秩序から独立した権力となる――という立論で、私もこれには一理あると考えています。実は、この「日本国王」問題、豊臣秀吉のときにも再び浮上しますので、後の秀吉講義であらためて。

義持はなぜ父の政策を否定したのか？

興味深いのは、せっかく義満が幕府と朝廷にまたがる「室町王権」を実現したのにもかかわらず、一四〇八年、義満が死去すると、息子の四代将軍足利義持《よしもち》が、父の政策を次々と否定していったことです。

義持は一三九四年、九歳で将軍に就任しますが、父の存命中はほとんど実権はありませんでした。

義持の最初の「反抗」は、尊号問題です。義満の死後、朝廷は義満に太上《だいじょう》法皇の尊号を与えようとしました。つまり上皇として遇する、というわけです。これを義持は拒否します。義満の幕府－朝廷融合路線の否定でした。

注目すべきは、このとき義持とともに強硬な反対を唱えたのが斯波義将《しばよしまさ》だったことです。義将は、足利氏の一門、斯波氏の棟梁ですが、義満の存命中も、側近の細川頼之を失脚（康暦《こうりやく》の政変）させ、代わりに管領となった人物でした（頼之の細川氏は後に幕政に復活します）。さらに義将の父、高経は観応の擾乱で直義派の有力メンバーだったのです。

つまり、ここに伏流しているのは、尊氏vs直義以来の「西か東か」問題なのです。京都を選び朝廷との密接な関係を志向した尊氏と、東国にとどまり武士独自の政権を主張した直義。尊氏の流れをくむ義満に対し、義持には直義派の影響が強く感じられます。

そして一四一一年には、義満が明との間に開いた国交を断絶するのです。もともと義持と義満は仲が悪く、それが父の政策の否定につながった面はあるでしょう。では、義満は自らの幕府－朝廷融合路線の継承については、どう考えていたのでしょうか。そもそも九歳で将軍にさせられた義持は、義満のように貴族としての教育を受けることはできませんでした。官位だけは将軍就任後に急速な昇進を続け、十一歳で参議、二十一歳で右大将に任じられていますが、「武士のトップにして貴族のトップ」である義満を受け継ぐことは難しかったでしょう。

実は、義満にはもう一人、可愛がっていた息子がいました。足利義嗣《よしつぐ》です。義持にとっては異母弟にあたります。

一四〇八年、義満は、まだ元服もしていない義嗣を連れて、宮中に参内しました。それだけでも異例のことですが、一カ月も経たないうちに、従五位下の官位を与え、後小松天皇の行幸に列席させるのです。さらに行幸中、正五位下左馬頭に叙任、その月のうちに従四位下、左近衛中将と、驚くべきスピードで、義嗣の官位を上げていきます。近衛中将に任官できるのは将軍のみです。そして同年、元服すると、従三位参議に昇進します。この年、義嗣は十五歳でした。つまり、義満は義嗣を貴族としての後継者と目していたのではないでしょうか。

しかし、義満は義嗣元服の二日後に病で倒れ、数日後に危篤となりました。そこで持ち上がったのが、足利将軍家の家督問題です。義持は将軍ではありますが、義満と仲が悪い。義満が寵愛する義嗣も、家督相続の有力候補だったのです。実は、このとき義持こそ家督を継ぐべきだと強く主張したのが斯波義将でした。義嗣は父の死の十年後、義持の命によって殺害されます。

足利政権はどのようにして崩壊していったのか？

このように京都内外でこそ絶大な権力を掌握した義満ですが、その政策は一代でひっくり返ってしまいます。私は、そこには、足利幕府自体の権力基盤の問題があったと考えます。

室町時代になると、守護の権限が非常に強くなります。鎌倉時代の守護は、大番催促《おおばんさいそく》などの限定された権限しかもっていなかったのに対し、室町時代には、武士間の紛争に介入したり、裁きを強制実行するといった強い権限を与えられ、やがては地方における徴税権も手にするようになりました。そして地元の武士たちを束ね、主従関係を結んでいきます。たとえるなら、鎌倉時代の守護は兄貴分、室町時代の守護は親分といったところでしょうか。

そこで台頭した守護大名には、足利将軍家の一族である斯波氏・畠山氏・細川氏をはじめ、外様勢力である土岐氏・大内氏・赤松氏などがいました。なかには十一カ国の守護を兼任し、領国が全国の六分の一を占めることから「六分の一殿」と呼ばれた山名氏（足利氏の准一門）のような巨大な守護大名もあらわれ、室町幕府は、有力守護大名の連合政権という面が強くなっていきます。

先にも少し触れましたが、そもそも室町幕府の絶頂期である義満の時代、義満の最側近であり、政権のプロデューサーだった細川頼之が管領を罷免《ひめん》されるという事件が起きました。一三七九年の康暦の政変です。斯波義将はじめ土岐氏、山名氏、大内氏といった反頼之派の武将たちが義満の住む花の御所を包囲し、頼之の罷免を迫りました。義満は頼之に退去を命じることを余儀なくされ、頼之は自邸を焼いて領国の四国に向かいます。

その後、頼之は再び政権に復帰しますが、義満は将軍直轄軍の奉公衆を強化し、一三八九年には土岐氏、一三九一年には山名氏、一三九九年には大内義弘を討伐していきます。

しかし、話はここで終わりません。義満の死後、また斯波義将が管領に返り咲いたように、山名氏をはじめとする有力守護大名家はけっして根絶やしにはされず、また復活してくるのです。たとえば「六分の一殿」山名氏清はいったん義満によって滅ぼされかけたものの、その後継者である山名時熙が勢力の回復に努め、さらにその跡目を継いだ持豊の代には、その領国は八カ国にも及びました。つまり、完全に武力で潰すには、有力守護大名家は大きすぎたのです。

細川氏や斯波氏、山名氏に代表される有力守護大名たちは、幕府の中枢を占めるようになり、その発言力はどんどん大きくなっていきます。

六代将軍、足利義教《よしのり》のように、こうした状況を打破するべく、将軍権力の強化をはかろうとすると、どうしても強引な手法を取らざるを得ず、かえって有力大名たちの反発を買って、ますます将軍家の権力は低下していきました。

またちょっと気を緩めると、切り離したはずの関東公方、関東管領なども、中央の有力武士たちと連携して、幕府を脅かしてきます。

そうした長年にわたる不安定な状態の帰結が、一四六七年から十一年間続いた応仁の乱だったといえるでしょう。

細川勝元率いる東軍は、細川一族をはじめとして、畠山政長や斯波義敏、赤松政則、京極持清といったメンバーでした。一方、山名持豊率いる西軍は、山名一族、畠山義就、斯波義廉、土岐成頼、大内政弘らでした。家督争いを繰り広げている斯波氏、畠山氏が両軍に分かれるのは当然のこととして、両氏を除くと、「細川氏とその友軍」と「一度は幕府と戦って敗れた勢力」とが対立していたことが分かります。もっとざっくりいうなら、前者はかつての尊氏派、後者はかつての直義派の色合いが濃いのです。

　また応仁の乱は、経済の大動脈であった瀬戸内海の権益をめぐる戦いでもありました。それは細川、山名双方の主な任国をみれば分かります。細川本家は伊予・讃岐・土佐・丹波・摂津。つまり四国と大阪、兵庫、京都の一部になります。一方、山名は但馬・備後・安芸・播磨・伊賀と、山陽地方の主要部を押さえています。瀬戸内海を誰が押さえるかが、政権を揺るがす紛争の要因のひとつになるほど、貨幣経済は大きな比重を占めるようになっていたのです。

　応仁の乱のあとも足利幕府はつづきますが、その求心力はすでに失われたといえるでしょう。何故なら京都が焼け野原になってしまったからです。室町幕府は京都の経済力によって成立していた政権でした。守護大名たちも、任国に帰っていきます。存在感を失った室町幕府に代わり、次の時代の主役となったのは地方に根差した新しい勢力でした。戦国時代の始まりです。

第四回講義　日本人と宗教

神仏に対する感覚

ここまで鎌倉、室町と時代を追って論じてきましたが、今回の講義では少し角度を変えて、「宗教」をテーマに考えてみましょう。

日本史で古代や中世を論じるとき、「神仏への畏れ」や「祟りへの畏れ」という概念がしばしば登場します。現代に生きる私たちにしてみると、なかなか理解しにくい感覚ではありますが、時代が遠く隔たった前近代の人々が、近代以降とは異なる世界観を抱いていることは、さほど不思議ではありません。

しかし、神仏に対する感覚に、どの程度の隔たりがあるのか。過去の日本人の心性に迫ることは、簡単なことではありません。とはいえ、「昔の人は神や仏を恐れていました」というだけで説明を終えるのも、安易すぎるというものです。

そこで今回は、日本人が本当はどのように神や仏と付き合ってきたのか、それは時代とともにどう変わっていったのか、変わらない部分があるとすればどこなのかを俯瞰したいと思います。

映画『沈黙』と高山右近

前に宗教について論じたとき、私は学生たちに「マーティン・スコセッシ監督の『沈黙』見た？」と聞いてみました。遠藤周作原作のこの映画では、主人公であるポルトガル人宣教師ロドリゴが、キリスト教布教のために訪れた日本で、踏み絵を踏むことを強要されます。踏み絵を踏めば、キリスト教信者への苛烈な拷問をやめてやると言われたロドリゴは、悩みぬいた末に神に問いかけるのです。「主よ、なぜ何もおっしゃってくださらないのですか。どうして沈黙したままなのですか」。すると神は答えます。「Step on me（踏みなさい）」というのです。「お前の足の痛さは、この私が一番よく知っている」「お前たちの痛さを分かつために、私は十字架を背負ったのだ」という神の声を聴いたロドリゴは、踏み絵を踏んで棄教し、神職に就く者には禁じられている妻帯もして、日本で暮らしたのちに亡くなります。ところが、その亡骸の掌には十字架が握られていた。ロドリゴは実は心の内では棄教していなかったというのが映画のラストシーンでした。

この作品は世界中で称賛されました。胸に重い問いかけが残るラストです。しかし、カトリック教会のなかからは、この映画で描かれたキリスト教の在り方について疑念の声もあがりました。「神は決して『踏みなさい』とはおっしゃらない」「神を信じる者は、踏み絵を踏むくらいなら、命を投げ出すはずだ」というのです。

これは一筋縄ではいかない問題です。私は原作を子どものころに読んでいましたが、そのころから「信仰というものは、とても難しい」と考えていました。心の中で信じることと、「私は信仰を持っています」と外に示すこととは違っていてもいいのだろうか？ それは信仰への裏切りではないか？ と悩んだことを覚えています。

そこで思い起こすのが、高山右近という戦国大名です。右近ら「キリシタン大名」は、一五八七年、豊臣秀吉が発した「伴天連《バテレン》追放令」（およびその前日に出された「覚」）によって、棄教を迫られます。しかしその内容は、キリスト教への信仰を捨てるように命令こそするものの、「ただし、お前たちの心の中を覗くことはできない。お前たちが心の中でキリストを崇拝していても、そこに立ち入ることはしない」というものでした。つまり、大っぴらに信仰をすることは許さないけれど、心のなかでこっそり信仰していても構わないというのです。これを受けて、蒲生氏郷や黒田如水らは、表向きはキリスト教を捨て、心の中でひっそりと信仰する道を選びます。

しかし、高山右近は違いました。表向きだろうと内面だろうと、キリスト教を否定することなど絶対にできない、として、秀吉の命令に背いたのです。その結果、右近は、播磨国の船上《ふなげ》城（後の明石城）六万石を召し上げられ、ついにはフィリピンに追放されてしまうのです。

高山右近のほうが「本物の信仰心」という感じがしないでしょうか。一方、右近とともに周りの大名に布教して回ったキリシタン大名の牧村利貞などは、妙心寺という寺の中に雑華院という子院を建てたりして、仏教にも帰依していた。つまり、必ずしも敬虔なキリスト教信者とはいえませんでした。キリシタン大名のなかには、ポルトガルやスペインがもたらす鉄砲や大砲などの兵器に代表される西洋の文物、文明に着目していた者も、少なくなかったのではないかと思われます。言い換えれば、先進的な文物を手に入れるために宗教を取り入れた。宗教を〝利用〟していたともいえるでしょう。

そもそも秀吉にしても、京都の南蛮寺や、イエズス会に寄進されてしまっていた長崎を取り戻して、直轄地にしたりしましたが、伴天連追放令を出した後でも、ポルトガルとの貿易のためにイエズス会の宣教師を仲介役として使っていました。このなあなあな姿勢には呆れもしますが、よく考えてみると、「信仰とは内面のものだ」とする『沈黙』の結論は、「内面については問わない」とした秀吉と重なるところがあるのではないでしょうか。『沈黙』で描かれたような理不尽な弾圧は認めがたいとしても、秀吉のように「自分で信じるのは構わないが、ある程度の地位を有する大名の場合は俺に申し出ろ」だったら、まあ許容範囲かな、と思ってしまう人も少なくないでしょう（現代でいえば、「俺に申し出ろ」の段階で、信教の自由に反しているのですが）。

秀吉型の「内面はそれぞれの勝手でいい。外面（行為）は自分に従え」という考え方は、心と行為の二元論的といえます。それに対し、高山右近のように「内も外もない、すべて神に帰依すべきだ」というタイプは、「信仰即行為」の一元論的といえる。高山右近なら踏み絵など踏まず、堂々と殺されたかもしれません。

お守りをゴミ箱に捨てられるか？

このように、日本人の信仰について考えていた私が、「そうか！　これだ」と思ったのは「お守り」でした。みなさんは、神社で買ったお守りをどうしているでしょうか。実は、お守りの〝有効期限〟は一年です。一年を過ぎたら、お守りとしてのご利益はなくなります。本来は神社などに持って行って、お焚き上げという形でお返しして、また新しいお守りを買い求めなくてはなりませんが、そのようなきちんとした手順を踏む人は実に少ない。では、期限が切れたから、と自覚的にゴミ箱に捨ててしまうのかというと、そういう人もやはり少ない。「なんとなくそのまま持っていて、いつの間にかなくなっている」というのが大多数、ということが調査によって判明したのです。つまり、「神社まで毎年毎年お返しに上がるのは大変だけど、お守りをゴミ箱に捨てるのは、なんかイヤだなあ」という抵抗感がある。

私は、これこそが、日本人の神様、仏様への信仰のあり方なのではないかと考えます。中世でも現代においても、「私は強い信仰を持っています」という高山右近型の人は一定数いるでしょう。しかし、残りの大多数の人は、たとえば「お守りをお返しに参拝しないと神様に背くことになる！」といった切迫感や使命感は持っていない。だからといってまったくの不信心かといえば、そうでもない。うっすらとした信仰心は残っていて、「お守りをゴミとして扱えない」くらいの神や仏を尊重する姿勢は確実に残っている。「お守り」問題からうかがえるのは、神や仏に対する敬意のようなものはあるが、行動を強制するほどの強さではない――これが現代の日本人の多くがもっている「信仰心」といえます。

では、過去にはどうだったのか？　時代を追いながら、日本人と宗教との関係を振り返ってみましょう。

多神教と一神教

多くの思想家や研究者は、日本人の信仰のベースにあるのは「多神教」だったとしています。私も異存はありません。太陽や月、山や岩、風など、この世に存在する万物に神が宿っていると考えられており、そうした「八百万の神」がご神体だった。神様が大勢、共存していたわけです。

たとえば鎌倉幕府を開いた源頼朝、そして東国の武士たちは、富士山という「山」に対する信仰を共有していたと考えられます。だからこそ頼朝は、次代将軍として息子の頼家をお披露目する舞台として、「富士の裾野の大巻狩り」を行なったわけです。鎌倉幕府の中核を担ったのは駿河、伊豆、相模、武蔵という南関東四カ国の武士たちでしたが、これらはみな富士山が見える地域でした。

人類学や宗教史などの教えるところでは、世界のあちこちで古くから見られるのは多神教です。それに対して、一神教は実は例が少ない。ユダヤ教、キリスト教、イスラム教がすべて砂漠に近いほぼ同じ地域で生まれているように、成立した地域が限られています。ところが一度成立すると、強い伝播力をもって広がっていく。それが一神教です。

両者の違いを私なりにまとめると、多神教は「安定とまったり」。多くの神様がまったりと併存、共存している。もっといえば、「現象への対応」です。山に畏敬の念をもてば「山の神様」。火事が怖いとなれば「火の神様」。現実に対応して、畏れるもの、大事なものをどんどん「神」として祀る。

興味深いのは、多くの「神」が共存するなかで、役割分担や序列がつくられることです。その序列の端的な例が、神社の社格でしょう。今残っているものは九二七年に定められた「延喜式」で、当時の朝廷によって格式が決められています。多くの神にそれぞれのキャラクターがある点は、職分や身分といった考え方とも重なります。

それに対して一神教は、正しい神はただ一つで、あとはニセモノという厳しいものです。そこでは「原理の追求と服従」が重要になってきます。そして、もうひとつ大事な要素は「神の下の平等」です。現実にはカトリック教会などでは厳然たる階級制度がありますが、原理としては、すべての人は神の子であり、平等（であるべき）となります。

どちらかというと、現状追認的で身分制とも相性が悪くない多神教と、厳しいけれど神の前には「平等」が保障される（はずの）一神教。この両者の特徴は、後でも出てきますので、心にとめておいてください。

仏教がやってきた

さて、「八百万の神の国」日本にやってきた、まったく新しい世界観と知の体系、それが仏教でした。仏教の伝来は諸説ありますが、六世紀の半ば、飛鳥時代に百済からもたらされたとされています。仏教の受容を主導したのは天皇家とその周辺の豪族でした。『日本書紀』によると、欽明天皇の頃、百済から仏像や仏典が送られ、推古天皇の時代に飛鳥寺や四天王寺、法隆寺が建てられます。

さらに八世紀になると、聖武天皇が地方ごとに国分寺、国分尼寺の建立を命じ、東大寺には国家鎮護を祈願して、大仏がつくられます。つまり、仏教を国家体制づくりに組み込もうとしたのです。

面白いのは、同じ時期、「八百万の神々」を序列化する試みもなされたことです。八世紀初めに編纂された『日本書紀』『古事記』に記された記紀神話によって、天皇家の祖先神を頂点とし、神々を序列化する「神々の体系」がつくられました。それが先に触れた「延喜式」にもつながっています。つまり、仏教と神道はどちらも天皇家によって、受容・形成されていったのです。

当時の貴族たちは、大陸の文化を必死で吸収し、日本の風土に合わせて定着させようとしていきます。統治のメソッドとして入ってきた律令、儀式や哲学として入ってきた仏教。いずれもこれまで日本人が接したことのない壮大なものでした。

奈良時代になると、仏教は学問としても受容され、発展を遂げます。京都から「南」に位置する奈良にある六つの宗派（三論《さんろん》宗、成実《じょうじつ》宗、法相《ほっそう》宗、倶舎《くしゃ》宗、華厳《けごん》宗、律《りつ》宗）として、「南都六宗」とも呼ばれています。彼らは唯識《ゆいしき》思想や華厳経など難解な仏教理論について高度な研究を行なっていました。ただし、その成果は、彼らごく一部の学究エリート僧のためだけのもので、その外には何の影響も与えていません。

一方では国家による利用、他方ではエリート学僧たちによる高度で難解な学問としての受容。これが奈良時代までの仏教だったと考えられます。

最澄と徳一、白熱の大論争

平安時代になると、やはり中国大陸から、新しい仏教の流行がもたらされます。それを担ったのが、最澄と空海でした。ご存じのとおり、最澄は天台宗の、空海は真言宗の開祖となります。

このうち、最澄が説いた天台宗の基本的な教えは、世の中のことわりを科学的に積み上げ、論理的につきつめていくことで、仏に到達できるというものでした。中心的な経典は「法華経」、一番偉い仏様は釈迦如来です。経典によって学ぶ「顕教」がその本旨です。天台宗は後に「四宗兼学」と呼ばれるように、法華経のほかにも、禅や念仏など仏教のさまざまな教えを包括して学ぶことを目指しました。いわば「仏教の総合百貨店」です。そのため、天台宗の総本山、比叡山延暦寺からは時代はかなり下りますが、法然や親鸞、日蓮、栄西など鎌倉新仏教の祖となった人々が輩出します。

ここで興味深い論争を紹介したいと思います。都から遠く離れた会津地方で活動していた徳一《とくいつ》という僧侶と最澄との間で起きた、仏教史上まれに見る大論争「三一権実諍論《さんいちごんじつのそうろん》」です。

最澄は、修行を重ねて覚《さと》りに近づくことで、すべての人は「あらゆる執着を断ち切って輪廻から解脱する」とともに、人々を教え導く者である「ブッダ」になれると説きました。この考え方に疑義を呈したのが徳一でした。徳一は、「最澄によれば、ブッダは複数いることになってしまうが、真のブッダは釈迦だけである。修行してもブッダにはなれない。仏道を修行する者のゴールは、ブッダになることでなく、執着を止揚して輪廻から解脱した『阿羅漢《あらかん》』になることなのだ」と批判したのです。この先はさらに難しい話が前提となります。ブッダになるための修行を「菩薩乗」といいますが、これに対して、師の教えを聞いて阿羅漢になろうと修行することを「声聞乗《しょうもんじょう》」、独学で阿羅漢になるべく努めることを「独覚乗《どっかくじょう》」といいます。天台宗の法華経は、菩薩乗が本質であると説き、これは「一乗」とされています。これに対して、『西遊記』の三蔵法師のモデルとして知られる玄奘三蔵は、菩薩乗と声聞乗、独覚乗、三つそれぞれが本質であると説き、こちらは「三乗」とされています。

この「一乗」と「三乗」、どちらが真実（実）で、どちらが仮（権）かが、争点となりました。最澄は「一乗」が真実であるとし、徳一は「三乗」こそが真実であると論陣を張って、激突したのです。これが「三一」「権実」と呼ばれるゆえんです。論争は、八二二年の最澄の死をもって結末を迎えましたが、私が驚くのは、そのレベルの高さとともに、東北という、当時の都からすると〝辺境〟にあたる地の僧侶が、唐に留学して日本の仏教の中枢を担うエリートの最澄との間に、対等の議論を繰り広げていたことです。

なぜ平安貴族は密教に飛びついたのか?

一方、やはり唐に留学し、少し遅れて帰国したのが空海でした。空海が持ち帰った真言宗では、「万物の慈母」「無限宇宙の全一」とされる大日如来を一番偉い仏様としています。天台宗の覚りが論理によるものであるのに対して、儀式によって摩訶不思議な力や効果を得るところに本当の覚り、真理があるとしています。これは、「秘密」の教え、すなわち「密教」でした。例えば、木片を火中に投じる護摩《ごま》という儀式をして、鎮護国家を祈禱する、といったように、いまでいえば、オカルト的な色合いの強い教えです。オカルトの語源は、ラテン語で「隠されたもの、秘密」ですから、密教と似た思考が感じられます。

当時の貴族たちは、新奇な儀式を行なう真言宗に飛びつきました。呪文のようなものを唱えるほうが、一生懸命勉強せずに済んでラクだからです。貴族たちが密教に傾倒していったことから、「密教」に対して「顕教」とされていた天台宗も密教に傾倒していきました。勉強熱心な最澄は、空海から密教の経典を借りて学習に励みますが、あまりにたびたびなので、空海が拒否するようになり、二人の関係が悪化してしまった、というエピソードもあります。

空海の真言宗の総本山といえば、すぐに思い浮かぶのは高野山金剛峯寺《こんごうぶじ》ですが、実は高野山は修行の場で、本山は京都にある東寺《とうじ》です。そこで真言宗の密教を「東密《とうみつ》」、天台宗の密教を「台密《たいみつ》」と呼びます。

いずれにしても密教は平安仏教の主流となって、朝廷の正式な宗教となります。そして、教義を究める姿勢とは対極的な、「とにかく祈っておけばＯＫ」という「おまじない」的なものに形骸化していきます。結局のところ、天台宗にせよ真言宗にせよ、国を安定させるという「鎮護国家」の目的のもとに、「仏に祈れば、現世でいろいろなかたちの利益になる」、つまり現世利益を求める考え方に落ち着いたのです。

真言宗にしても、天台宗にしても、その儀式の対象は、あくまで朝廷を中心とする権力者たちでした。

鎌倉新仏教は「異端」か?

ここで再び「権門体制論」の登場です。黒田俊雄先生は、「顕教」である天台宗と、「密教」である真言宗を「顕密仏教」として、この二つが中世においても仏教の中心的勢力であったと位置付けて、「顕密体制」と名付けました。そして、平安時代に確立したこの顕密体制が、鎌倉時代においても仏教の中核をなしており、いわゆる鎌倉新仏教、法然の浄土宗、親鸞の浄土真宗、一遍の時宗や日蓮の日蓮宗などは「異端」であったと論じました。

確かに、天台宗でも、真言宗でも、上位の僧侶は上級貴族の子弟で占められるようになります。有名な例では、歴史書『愚管抄』の著者で、天台宗のトップである天台座主《ざす》をつとめた慈円は、父が摂政関白の藤原忠通、兄にはやはり摂政関白の九条兼実、太政大臣の藤原兼房がいます。当時の貴族は、一族を弔う「菩提寺」をつくり、後継ぎにならなかった男子にその寺を運営させるため、寺格の高い寺に彼らを送り込んだのです。

それに対して、実際に寺社の管理を担っていた「衆徒」は主に地元の有力農民や武士出身者でした。この衆徒が武装すると、僧兵になります。ここまでの説明でピンときた方も多いでしょう。この寺の構造は、まさに荘園の構造に対応しているのです。在地領主に対応するのが衆徒で、その上に貴族や皇族がおさまっている。これを「寺家」として、公家や武家と並べたのが権門体制論ということになります。

寺社もまた寄進などによって得た荘園を経営していますが、思うように税が集まらないと「神罰仏罰が当たるぞ」と領民を脅していた例もあります。これは宗教の悪用といえるでしょう。

こうしてみると、天台宗の比叡山延暦寺と真言宗の東寺、高野山金剛峰寺などは「寺家」の代表であり、いわば当時の「上級国民」のメンバーとしてはふさわしいでしょう。

しかし、これまでも述べてきたように、私は中世を、「それまで歴史の主役ではなかった『在地』が台頭してきた時代」と考えています。その在地の武士や民衆が支持したのが、鎌倉新仏教でした。彼らは、貴族に独占されていた顕密仏教ではない、自前の救済を求めていたのです。

たとえば、法然が説いた浄土宗の教えは、ただひたすらに阿弥陀如来を信じて、「南無阿弥陀仏」と念仏を唱え続ければ、誰でも極楽浄土に往生できるというものです。また武士たちは、禅宗、とりわけ臨済宗を支持しました。武士は〝人殺し〟が商売です。いつ自分も命を落とすか分からない、死と隣り合わせている緊張感、危機感のなかで生きている。禅宗の求める修行の厳しさや実践的な教えは、武芸の鍛錬を欠かさない武士になじみやすいものだったのでしょう。

「かかる差別はあるまじきものを」

敵の生命を奪って生きているという罪の意識を抱いて出家した鎌倉時代の武士、熊谷直実は、法然に「罪の軽重をいわず、ただ念仏だにも申せば往生するなり、別の様なし」と説かれます。「数多くの命を奪った罪深い身であっても、ただ念仏を唱えれば往生できる、それ以外に道はないのだよ」という言葉に涙を流して、帰依したといわれています。そして、そこに「平等」の思想が生まれているのです。

たびたび紹介するのですが、熊谷直実にはもうひとつ、こんなエピソードがあります。法然が関白もつとめた九条兼実を訪ねたときのことです。法然に心酔した直実は、ボディガードとして法然につき従っていましたが、超上級貴族が相手とあって、直実は法然と兼実が対面している部屋のなかはおろか、建物にも入れてもらえず、地面に座らされます。

そこで直実は言うのです。「あわれ穢土《えど》（この世）ほどに口惜しき所あらじ。極楽にはかかる差別はあるまじきものを」と。

直実も当時の身分による序列はよく分かっています。しかし、法然の教えの前には、「かかる差別」を痛切に意識せざるをえないのです。貴族も庶民も関係なく、誰でも救われるはずだ、仏の前では平等であるはずだ、という強烈な意識がここには表れています。

八百長くじ引きと信仰の関係

話は室町時代に移ります。

これも私が繰り返し論じている例で、またかと思われる人もいるかもしれませんが、今回の講義では、少し角度を変えて「神仏を利用するということ」というテーマで論じたいと思います。

一四二八年、四代将軍の足利義持が重病を患い、死の床にあったときのことです。重臣たちから後継者について尋ねられても、義持は「お前たちが決めろ」としか答えません。困窮した重臣たちは、驚くことにくじ引きで次期将軍を決めることにします。当時、いずれも僧籍にあった四人の候補者たち（みな義持の弟）のなかから、石清水八幡宮の社頭で行なわれたくじ引きで選ばれたのは、義円でした。この義円が六代将軍の義教となるのです。

私はここで「このくじ引きは八百長だ」という説を唱えました。誰を次期将軍にするかという重大なことを、果たしてくじ引きなどで決めるものでしょうか。くじ引きにたずさわった真言宗の僧侶、満済《まんさい》は、三宝院門跡、醍醐寺座主、東寺長者などを歴任し、僧としては破格の准三后《じゅんさんごう》（太皇太后、皇太后、皇后に準じる）となります。満済と義円との関係も深い。選ばれなかった者たちに対して、「これは八幡様の神意だ」と説得するための道具立てとして、宗教を利用したに違いない。

と、ここまでが、「史料をうのみにしてはいけない。その裏も読め」といういつもの説明です。しかし、問題はその先です。

このくじ引きが八百長だったことは明らかです。つまり、満済たちは宗教を利用しています。その一方で、彼らが完全に神仏を軽視していたかといえば、そうではないのではないか。義円を推すグループは、単に自分たちが彼を将軍にふさわしいと推薦するよりも、「八幡様の神託である」とするほうが、より説得力が増すと考えたわけです。つまり神仏の威力を信じていたことになります。石清水八幡宮に何の権威もない、とみなが思っていたら、そもそもこのくじ引きは成り立ちません。

別の言い方をすれば、「神仏を利用するためには、尊重しなくてはならない」。皆が尊重していないものには、利用価値もないからです。

ちなみに石井進、網野善彦、勝俣鎮夫の諸先生と並び、「中世史の四人組」と称された笠松宏至先生は、『法と言葉の中世史』のなかで、こんなエピソードを紹介しています。

四代将軍義持は恐怖政治を行ない、多くの公家や武士から、その先祖伝来の土地を巻き上げ、神社に寄進するという名目で、数十カ所の土地を、自分の所領としていました。義持の死後、これをもとに戻そうということになりますが、ここで頭の痛い問題が。それは「仏神（物）、人（物）に帰らず」、すなわち一度神や仏のものとなったら人には返せない、という当時の慣例があったのです。

ここで登場するのが、くじ引きで新将軍となった義円あらため足利義教でした。義教曰く、「くじで決めたらいいじゃないか」。面白いことに、このときは義教の意見は通らず、結局、名義は神社領のまま、実際の知行権はもとの持ち主に返還するという、現実的な折衷案に落ち着きました。

私は、これも「将軍決定くじ引き八百長説」の傍証たりうると思います。義教は「自分に都合のよい神託」の味をしめた、と考えるのです。

話を戻しますが、「宗教権威を利用するには、それを価値あるものとして扱わなければならない」という「尊重と利用」の関係は、信長や秀吉と天皇との関係にも応用できるのではないかと考えていますが、くわしくは次回の講義で。

なぜ室町時代に神盟裁判が復活したか?

もうひとつ、室町時代の事例をみてみましょう。義教が将軍だった時代の裁判の記録『御前落居記録』に三例残っているのですが、「湯起請《ゆぎしょう》」という裁判がありました。

原告と被告に、お湯の中に手を突っ込ませて、火傷をしたら「嘘をついている」、火傷をしなかったら「嘘をついていない」ということにする。そして、どちらか片方が火傷すると、「おまえは嘘をついている」「だから敗訴決定だ」となるわけです。『日本書紀』には盟神探湯《くがたち》と呼ばれる同種の神盟裁判の記述がありますが、この湯起請はほとんどこの時代の史料にしか登場しません。これは、どう考えても八百長です。熱湯に手を突っ込んだら、火傷するのが当たり前であり、嘘をついていなければ火傷しない、などということは科学的にあり得ません。つまり、どちらが嘘をついているかは、それまでの経緯や感触から見当をつけており、嘘をついていると判断した方は熱湯に、もう片方はぬるま湯に手を突っ込ませていたのでしょう。もっと言えば、裁く側が有罪にしたい方に熱湯を与えればいいわけです。

ちなみに似たような例が、十三世紀のハンガリーでも、キリスト教の教会の記録として残っています。ハンガリーではなんと、被告に熱した鉄棒を握らせていました。研究者は、この場合も司祭が有罪かどうかという感触を得ていて、嘘をついていないと思われる被告が火傷しないように細工をしていたのだろうとしています。当たり前ですね。

興味深いのは、足利義教がこの湯起請を積極的に採用していたことです。清水克行『日本神判史』によると、義教の意志によって執行されようとした湯起請は十五例にのぼるといいます。

なぜわざわざ判決を湯起請にするのか？　「湯起請八百長説」に立つ私の答えは、「判決を正当化するため」です。自分に都合のいい判決を下したいが、どうも分が悪く、周りを説得しきれない、そんなときに「神託である」といえば、判決を下された方は不満があっても真っ向からは反論しにくい。義教が湯起請を好んだのは、将軍すら、くじを仕掛ける側の意のままに決められる「神託」の威力を目の当たりにしたからではないでしょうか。

　将軍を選ぶくじ引きもそうですが、神仏に頼る裁きを濫用することは、当然のことながら、その決定に加わる人たちの判断能力への信頼を著しく損ないます。将軍をくじ引きで選ぶのは、自分たちにはまともに将軍を決める能力がないと公言しているようなものでしょう。神仏の利用は控えめに、という教訓です。

一向宗は日本型一神教だったのか？

　戦国時代になると、浄土宗が一向宗と呼ばれるようになり、農村を中心に非常に速いスピードで広まりました。

　私は一向宗が広まるスピードを、一神教の伝播力と結びつけて考えています。「南無阿弥陀仏と唱えれば、阿弥陀仏様のところへ行ける。阿弥陀仏様は必ず救ってくださる」と説く一向宗は、日本の宗教のなかでは、キリスト教やイスラム教、ユダヤ教などの一神教と最も近いもののひとつでしょう。阿弥陀仏だけが自分たちを救ってくれる、この世は穢土であり、死ぬことは救いである（極楽往生）という強烈な教えで結ばれた一向宗信徒は、戦国大名をも脅かすパワーを持っていました。これも次回の信長講義でくわしく述べたいと思います。

もうひとつ、一向宗に一神教的要素を感じるのは、その「平等」思想です。たとえばキリスト教が「神の下の平等」なら、一向宗は「仏の前の平等」。これは先に熊谷直実のところでも論じました。

実は私は、法然は一神教まであと一歩のところに立っていたと考えています。当時、奈良に貞慶《じょうけい》という僧侶がいました。彼は信西《しんぜい》の孫で、南都仏教を代表する知識人でした。その貞慶は法然に、「阿弥陀様にすがれば極楽に行けるのであれば、釈迦如来や薬師如来、その他の仏はどうなるのか」と問うたのです。これに対し、法然は「自分の弟子たちには、他の仏たちも尊敬するように教えている」と答えました。私は、ここにも歴史の分岐点があったと考えています。ここで法然が「他の仏は要らない。阿弥陀だけを信じればよい」と答えていたら、日本における一神教（一仏教でしょうか）が生まれていたかもしれません。

いずれにせよ、日本では珍しく一神教的な要素が濃厚な一向宗は、戦国時代において、織田信長や徳川家康をはじめとする多くの戦国大名と対決し、数多くの死者を出します。これも宗教戦争に明け暮れたヨーロッパなどとは異なり、宗教闘争による死者の少ない日本においては非常にレアケースでしょう。

江戸時代になると、仏教は寺請《てらうけ》制度によって、幕府の出先機関のようになってしまいます。寺院から寺請証文を受けることを義務付けられることによって、人々はみな半ば強制的にどこかのお寺の檀家にさせられます。もともとはキリシタンや異端とされた不受不施《ふじゅふせ》派《は》を取り締まるためのものでしたが、寺によって現在の戸籍に当たる宗門人別帳がつくられ、寺請証文なしには旅行や引っ越しなどの移動が許されなくなったのです。お寺からすると、なにもしなくても信徒を確保できるようになります。明治になって、「神仏分離令」が出されると、人々が寺院を攻撃し、仏像や仏具などを壊し、経典も焼かれるなどの廃仏《はいぶつ》毀釈《きしやく》が起こりますが、これも江戸時代に幕府と癒着してうまい汁を吸っていた寺院に対する怒りが一因となっていました。

明治政府は、国を束ねる宗教として神道を選びました。西欧諸国が発展を遂げた要因のひとつにキリスト教があると考えた明治政府が、日本固有の神道を、天皇中心の国家にふさわしいとして、国民の信仰の対象としたのです。国家神道です。

その国家神道の中核となったのが、伊勢神宮でした。天皇家と天皇家の祖先を祀る伊勢神宮は、戦国時代にはすっかり荒廃してしまいます。二十年に一度の建て替え（遷宮《せんぐう》）の資金にも事欠く有様だったのを、織田信長、豊臣秀吉、徳川家康といった天下人たちが次々にスポンサーとなることで、遷宮を復活させます。江戸中期になると、今度は民衆が新たなサポーターとなります。お伊勢参りがブームとなり、多くの参拝客が詰めかけるようになったのです。朝廷↓天下人↓民衆↓国家という伊勢神宮のスポンサーの移り変わりは、そのままこの国を動かすパワーの変遷を見るようです。

冒頭で紹介した江戸時代のキリシタン弾圧もそうですが、あくまでも「内面と行為」を一致させようとする一神教的な信仰は大きな犠牲を生む一面があります。残念ながら日本では「信じる者は救われない」のかもしれません。

第五回講義　信長の革新性

「信長は普通の戦国大名だった」のか？

今回の講義のテーマは「織田信長は革新的だったのか？」。私の答えはもう決まっていて「革新的だった」です。早々に結論は出てしまいましたが、問題は「何が革新的だったのか？」ということになります。

織田信長という人物は、破天荒なエピソードやストーリーに彩られた特異なキャラクターで、「日本史上最も有名な人物」といっても過言ではないでしょう。歴史小説や、映画、ドラマ、さらにはマンガやアニメ、ゲームに至るまで、あらゆるエンターテインメントに登場しているのは、みなさんもよくご存じのとおり。その信長のイメージを、チャットGPTに要約させせたら、「尾張のうつけと呼ばれ、とてもリーダーにはふさわしくないと思われていた少年が、桶狭間の戦いで今川義元を破り、天下統一を目指して京都に攻めのぼったが、家臣の明智光秀に裏切られ、『人間五十年』と舞ったあと、炎に包まれて死んだ」といった感じでしょうか。

歴史研究においても、かつては「天皇、将軍や寺社などの権威を否定し、中世を終わらせた人物」といった評価が一般的でした。それに対して、近年の研究では、「信長は、これまで言われてきたような中世を否定した革新的な人物ではなく、普通の戦国大名に過ぎない」という見方が提示されています。

たとえば、楽市楽座や関所の撤廃などは、信長の独創ではなく、他に先行例があることが史料によって明らかにされています。また、軍事面でいえば、鉄砲の活用については武田信玄や上杉謙信なども鉄砲の重要性は理解しており、かなりの数の鉄砲をそろえていました。さらには「信長は天皇や寺社に対しても、内裏《だいり》の修繕や所領の寄進などを行なっていたから、権威を否定していたとはいえない」という立論もあります。また美濃国を手中にした信長は「天下布武」の朱印を使い始めますが、これについても、「この『天下』は日本全国ではなく、五畿内（大和・山城・河内・和泉・摂津の五カ国）を指している」、だから信長は全く「天下統一」など目指していなかった、という説が出され、最近、学界ではこの説を採用する研究者も増えています。

しかし、こうした「信長は普通の戦国大名説」を読みながら、私にはどうしても一つの疑問が頭をもたげてくるのです。それは、「もし信長が普通の戦国大名だったとしたら、なぜ戦国時代は終わったのか」というものです。

個別の研究については、私も新しい知見を得たものもあります。フィクションの世界も含めて、世に広がっている「破天荒な革命児」などの信長のイメージに対して、定説にとらわれず、史料に基づく議論を提起したいというのなら、それは私も同感です。しかし、従来の信長像を批判するのであれば、それに代わる新しい信長像を提示しなくてはなりません。

こうした疑問に決着をつけるべく、中世史の研究者なのに、『信長の正体』という一冊の本を書いてしまったほどです。いま、中世史の研究者なのに、と言いましたが、本当をいうと少し違います。私は中世史の研究者だからこそ、信長を論じているのです。古代、中世と日本の歴史の変化を追いかけたとき、「中世を終わらせた」とされてきた信長が、歴史のなかでいかなる役割を果たしたのか、という問いには、当然、自分なりの結論を持っておくべきだと考えたからです。

そこで最初の問いに戻りましょう。信長はどこが革新的だったのか？　私の答えは、「自分を頂点とする一元的な支配（一職《いっしき》支配といいます）を拡大し、全国政権をつくろうとしたこと」です。今回の講義では、それがいかに革新的で、信長しかやらなかったことだったかを検討していきます。

日本は一つではなかった

この信長が歴史に与えたインパクトを説明するには、戦国時代に至る権力と土地所有の関係を俯瞰する必要があります。これまでの講義ですでに論じた部分もありますが、戦国時代とそれ以前の時代を比較することで、より理解が容易になると思います。キーワードは「そもそも日本は一つではなかった」、そして「そもそも土地は一人のものではなかった」です。

信長は日本を一つにしようとした、それが彼の革新性だったとすると、それまで日本は一つではなかったのか、ということになります。ここからがおさらいになりますが、古代の朝廷は「公地公民」、すなわち土地も民もすべては天皇一人のものである、としていました。そのため、「古代の朝廷は律令によって日本全国を統治する全国政権だった」とする見方もあります。しかし、これはあくまで建前、もっとはっきり言えばフィクションに過ぎません。確かに全国に国衙という、現代の「都道府県庁」にあたるものを設置し徴税をはじめとする行政を行なっていた、とされていますが、実質的な支配が及んでいたといえるのは、畿内からせいぜい瀬戸内海、博多を核とする西国に限定されていました。それ以外の地域では国衙を中心とした「点」の支配にとどまっています。そのなかで在地の有力者（地方豪族）や中央の貴族、寺社などが出資して開いた土地が荘園となります。しかし、この開発された土地の権利が保障されないことから中央への寄進が行なわれ、所有関係が重層化し不安定な状態にあったことは先にも述べた通りです。このように「古代国家」の支配が及ぶ範囲は限定的なものだったと考えられます。

頼朝政権が発足した鎌倉初期は、東国に生まれた政権と京都の朝廷、奥州の平泉政権の三国状態だったといえるでしょう。まず平泉政権が、義経追討をきっかけに鎌倉幕府の支配下となり、承久の乱で朝廷の勢力圏が幕府に侵食されますが、西国を中心に、朝廷や寺社の支配力はまだまだ残っています。幕府は各地の荘園に地頭を送り、管理を進めますが、全国隅々にまでその支配が及んだわけではありません。実は、荘園に送り込まれた地頭が、どれほど現地を押さえられるかは、その地頭の力次第だったのです。元寇によって、幕府は九州の非御家人にも動員をかけます。ここで彼ら非御家人の取り込みに成功していれば、鎌倉幕府は真の全国政権への道を進めたかもしれません。前述したとおり、私は安達泰盛にはそうしたヴィジョンがあったと考えていますが、安達は霜月騒動で敗れ、鎌倉幕府は御家人中心、さらには北条得宗家中心へと内向きとなり、ついには自壊していきます。

その鎌倉幕府を倒した足利尊氏には全国政権への志向があった、と私は考えます。そのために経済の中心であり、朝廷を管理できる京都を選んだ。それが結実したのは第三代将軍足利義満の代でしたが、他方、関東と東北の統治は関東公方にまかせるという形で、東国を切り離すことになります。これも全国政権とはいえません。

その一方で、室町時代は、守護大名の力が強まった時代でもありました。有力守護大名は、国人、国衆と呼ばれるようになる在地領主や地頭なども配下におさめ、地方の実質的な支配者として成長していきます。応仁の乱を経て、もはや京都の足利政権による統制が利く状態ではなくなっていきます。戦国時代の始まりです。

「自分の力だけで国を治める」のが戦国大名

今でも地方史のヒーローの多くは戦国大名ですが、それも当然でしょう。地方がはじめて中央に依存しない自前の歴史を持つようになるのが戦国時代であり、その主役をつとめたのが戦国大名なのです。

逆に言えば、戦国時代は私たち歴史研究者にとってはなかなか手強い時代でもあります。そもそも歴史学者が拠って立つ最大の基盤であるところの文書の形式が、細かく見ると地方ごとに異なるなど、一定ではなくなります。また、ある地域で見られる事象が、他の地域にもあてはまるかどうかも簡単には言えません。しかし、それこそが戦国時代が「地方の時代」であったことを示しているのです。

戦国大名は、自分の力で自分の国を支配する権力です。今川義元が制定した「今川仮名目録追加」には、それをよくあらわしている一節があります。

「我々、今川家は、誰の助けも借りずに、つまり朝廷の助けもなければ、将軍家の助けもない状態で、独力によって駿河国を平和に保っている。駿河国の平和は、我々が維持している。したがって、今川家の支配が及ばない土地が駿河国にあってはならぬ」

要するに、駿河の国の支配は、今川家が自分たちの実力（＝武力）で勝ち取ったものであり、天皇も将軍も関係ないという宣言です。戦国時代とは、このような権力体が各地で生まれた時代です。信長は尾張国を、武田信玄は甲斐国を、やはり自分の力だけで治めていました。

領国のものはすべてその地を治める領主（＝大名）のものである。さらにいうと、信長なら信長、今川義元なら義元が家臣に「この領地はお前のものだ」と言えば、その土地一円のすべての権利は、その家臣のものになります。これを一円知行といい、信長、秀吉の段階では「一職支配」と呼びます。ここでの「職」とは、これまで見てきた荘園公領体制におけるさまざまな土地の権利です。つまり、信長の領地において、信長から安堵を受けた土地は、もう領家（荘園を寄進された貴族や寺社）も本家（上級貴族、天皇家など）も手を出すことはできません。それによって、安堵を受ける側の家臣（在地領主）たちは、ようやく土地を「自分だけのもの」にすることができるのです。

私は、ここにおいて日本で初めて「所有権」が確定した、と考えます。それまでの荘園における土地の権利はあくまでも「使用権」「領有権」「徴税権」などが入り混じったものであり、しかも「その権利を最終的に誰が持っているか（保障するか）」もはっきりしないものでした。それを一元化し、完全に保障する権力があらわれたのです。

これは権力者である戦国大名だけでなく、中世において、在地の人々が求め続けたことでもありました。税を取られる側の農民にしても、税を納める先が一本化されるというメリットがあったのです。これまでは、誰に税を納めたらいいかも明確ではありませんでした。守護大名に代表される武士たち、寄進を受けた皇族や貴族たちや寺社などが、それぞれ土地の支配権を主張し、ともすれば、複数の勢力から税を要求される（二重成《ふたえな》し）こともあったのです。信長による「一職支配」では、二重取りされる心配はなく、横槍を入れてくる者があれば、最終的には信長が実力で排除してくれるのです。

こうした一円的支配は、室町時代の守護大名にもすでに見られはじめていましたが、室町時代の守護大名と戦国大名の最大の違いは、守護大名においては最終的には、その土地を支配する権利が、幕府による任命に基づいていたことです。逆に言うと、幕府による任命と承認がうまく機能しなくなると、あちこちの有力武士の間で家督、すなわち家の支配権をめぐる争いが解決できなくなる。それの究極のすがたが応仁の乱だといえるでしょう。

エリートほど没落する？

戦国時代においては、いかに室町幕府から守護に任じられようと、実力＝武力がなければ、どんどん淘汰されてしまいます。

興味深いのは、室町幕府において京都の政権中枢で威勢をふるっていたエリート大名たちほど戦国時代に入ると力を失っていったことです。たとえば三管領のうち斯波氏、畠山氏や、山名氏などはいずれも新興勢力にその領地を奪われていきます。細川氏はそこそこがんばりましたが、後世には残りませんでした。ちなみに、江戸時代には熊本五十四万石の領主となる細川家は、織田信長に仕えた細川藤孝（幽斎）をルーツとする傍流で、室町期の管領家とは同一ではありません。

彼ら室町のエリート大名たちはみな領地を守護代に任せ、京都に集まって幕政を担当していました。そのため、たとえば斯波氏が本拠地の越前を、守護代格の朝倉孝景に奪われ、尾張も、守護代であった織田氏によって乗っ取られます（信長は、守護代の織田氏の、さらに家老にあたる家の出身になります）。上杉謙信の父、長尾為景も越後国の守護代でした。守護代よりもさらに下の家臣が領主となったり（斎藤道三など）、有力国人が国を乗っ取ったり（毛利元就など）する事態を、ひっくるめて「下剋上」というわけです。

守護大名からそのまま戦国大名となれたのは、室町時代は中央の幕政にはあまり加われず、ずっと地方にいた「田舎の守護大名」でした。たとえば甲斐の武田氏、九州の島津氏、大友氏、少弐氏などです。有力守護大名のなかで、戦国大名となれたのは今川氏と大内氏くらいでしょう。両者には共通点があります。今川氏は関東公方のお目付け役を命じられて、大内氏は博多を任されて、いずれも領国に常駐することを許されていたのです。つまり、室町時代が終焉に至る過程で台頭したのは、地元に根差し、在地で力をつけた勢力だったといえるでしょう。鎌倉幕府を築いた「在地力」がまた決め手となったのです。彼らが権力を確立するうえでは、既存の権威は頼りにならず、地元で自ら培った力でライバルを倒していくほかありませんでした。逆に言えば、だからこそ複雑に入り組んだ既得権益を排除して、一円的な支配を実現することが可能になったといえるでしょう。

甲斐国を離れられなかった武田信玄

戦国大名たちは、自国を支配するのみならず、しばしば隣国との間で争いを繰り広げます。かつては、それを「天下取りへの競争」だとする見方がありました。信長をはじめ、武田信玄、上杉謙信、今川義元といった有力な戦国大名たちは京都にのぼり、天下に号令することを目指していた――というストーリーです。こうした戦国観は、今ではほとんど否定されています。戦国大名のほとんどにとって最大の関心は「自分の国を守ること」でした。彼らにとって、「日本」ではなく、武田信玄ならば甲斐国、上杉謙信ならば越後国が「国」だったのです。そのなかで唯一の例外が織田信長だった、と私は考えます。

たとえば武田信玄などは、家督を継いだときから、信濃国に侵攻をはじめる「侵略マシーン」でもありました。信濃をめぐって上杉謙信と激しく争い、今川家が衰亡すると駿河に打って出て、さらに西に進んで、尾張の織田‐三河の徳川連合とも戦います。これは「天下取り」ではなかったのか？　言い方を変えるならば、信長が尾張から隣国の美濃を侵略し、さらに西に進んで近江から越前を征服し、畿内を平定して、次は中国、四国へ進出しようとしたことと、どう違うのでしょうか。

甲斐から信濃へ、さらには駿河へと侵略を続けながら、武田信玄はついに本拠地である甲府、躑躅ヶ崎《つつじがさき》の館から動きませんでした。もし「天下取り」が目的ならば、甲斐の山中に拠点を置き続けるのは不便すぎます。そもそも広大ではあるが生産力の低い信濃国などに攻め入っている場合ではありません。

しかし、信玄はあくまでも甲斐国にこだわります。その端的な例が信玄堤です。信玄は、釜無川の氾濫を防ぐために、全国から職人を集め、莫大な資金を投入して堤防を作ります。今に伝わる立派な土木事業ですが、残念なことに、この堤防によっても、洪水の被害から免れた田畑の面積はさほど広くはなく、結果的には大赤字でした。それでも信玄は、たびたび水害に見舞われる甲府を、最後まで「わが都」とします。つまり、信玄にとって大事なのは、どこまでいっても甲府であり、「甲斐国」だったのです。

　これは信玄だけではありません。軍神と呼ばれるほどに、戦において無敵を誇った上杉謙信も、最後まで生まれ育った越後の春日山城に住み続けています。これは「在地の権力」として台頭した戦国大名にとって、当然の選択でした。彼らの力の源はあくまで自分が一円的に支配している「国」であり、侵略によって領地が広がっても、その原点を動くことはなかったのです。

　それに対して、信長は全く違います。尾張で勢力を伸ばした信長は、その中心部の清洲城を居城としていました。ところが美濃制圧を考えた信長は、一五六三年、より美濃に近い小牧山に城をつくってそこに移ります。一五六七年に美濃を手中に収めたら、今度は岐阜城に入る。ちなみに「岐阜」は信長がつけた名称で、古代中国で殷から周へ王朝が代わるとき、周の文王の都だった「岐山」と、孔子が生まれた魯国の首府「曲阜」を合わせたものとされています。そして、そこにもとどまらず、琵琶湖に臨む要衝の地に安土城を建てるのです。

　全国の戦国大名を見渡しても、ここまで大規模、かつ頻繁に本拠を移した例はありません。なぜ信長だけが、戦国大名の生命線ともいえる領国を離れ、本拠地を移し続けたのか。

それは、信長が日本全国を自分の領国にしようと考えていたからだ、というのが私の結論です。

戦国大名の強さの秘密は農民兵にあった

一円的支配が可能にしたもののひとつが、兵力の拡大です。それまでの武士たちが動員できた兵力が数千単位だったとすると、戦国時代には桁がひとつ上がって、万の単位になります。戦国時代の幕を引く最後の戦いといえる秀吉の北条氏攻めでは、実に二十万人という大軍勢が動員されました。こうなると、兵を集めた時点ですでに秀吉の勝ちが確定です。

では、なぜ戦国時代に飛躍的に兵力が増大したのか。それは農民を兵力とすることに成功したからです。歴史ドラマなどで、しばしば足軽、雑兵という人々が戦闘シーンに登場しますが、彼らは基本的に農民兵です。彼らが戦場に大量動員され、歩兵部隊として活躍するようになったのが、戦国時代でした。やがて足軽のなかには、下級の武士として遇される者もあらわれます。足軽は、名主などと呼ばれる惣村の支配層とも重なり合います。

豊臣秀吉の父親とされる木ノ下弥右衛門も、おそらくこうした足軽だったと考えられます。

このように農民の大量動員が可能になったのは、戦国大名がその領国において、一円的支配を確立したからです。すべての土地を自分一人が安堵する、その代わり、自分の命令に従って、戦争もしろ、というわけです。

私は「戦争は数で決まる」という理論の信奉者です。ですから、戦国時代、どの国が強かったかという議論でも、まず石高を見ます。石高は、その国で養える領民の人口に、人口は動員可能な兵力におおよそ比例するからです。すると、信長のもともとの領国である尾張も美濃も生産力が高く、それぞれ五十七万石と六十万石、あわせて百十七万石にものぼります。それに対し、たとえば武田信玄は甲斐が二十万石、二十年を費やしてようやく獲得した信濃も四十万石で、あわせて六十万石です。上杉謙信の越後は三十五万石です。美濃を征服した時点で、信長が相当の兵力を握ったことが、これで分かります。

ちなみに今川義元が治めていた駿河に至っては十五万石しかありません。遠江の二十五万石とあわせてやっと四十万石。三河の二十九万石をあわせると六十九万石になります。桶狭間の戦いが起こった一五六〇年には、信長はまだ尾張の掌握が済んでいませんでしたが、仮に四十万石とすると、三河侵攻中の今川との兵力は、それほど離れていません。逆にいえば、今川義元からすると、三河を押さえると、尾張一国の石高を上回り、さらに尾張が支配できれば百二十六万石の大勢力となります。そう考えると、義元の西進の目的は上洛ではなく、三河の切り取り（征服）であったことも理解できるでしょう。

鉄砲の威力を引き出した信長の「掛け算」

この農民の動員とあいまって、戦国時代の戦争を変えたのが、テクノロジーの革新でした。鉄砲の導入です。一五四三年、ポルトガル人によって種子島にもたらされると、すぐに堺などでコピー品の大量生産がはじまります。そして七年後には畿内で鉄砲を使った戦闘が行なわれ、十数年後には全国的に普及しました。一五七五年、長篠の戦いは、織田軍の鉄砲隊が、武田軍の騎馬隊に大勝したことで知られています。この間、わずか三十年で、戦争のあり方が劇的に変わったのです。日本人のキャッチアップの速さにもあらためて驚かされます。

この長篠の戦いについては、この講義のはじめでも触れたように、火器に着目したのは信長だけではない、とか、巷間言われてきたような「三段撃ち」はあったのか、武田に

「騎馬軍団」は存在したのか、といったさまざまな論争がありますが（実は私にも関心や持論は大いにありますが）、ここで注目したいのは、大きく三点です。

まずは農民兵の大量動員×大量の鉄砲の方程式です。

戦国時代に、農民が大量に戦場に動員されたことは、先に述べました。もともと武士とは、特殊な技能集団でもありました。人を殺すということは、簡単なことではありません。鎌倉時代から馬に乗って弓を射ることが武士の最低条件で、それには厳しい修練が不可欠でした。自らの命を危険に曝《さら》して、他人の命を奪うという心構えも必要です。

農民に、そこまでの訓練を施す時間もコストもかけられません。初期の足軽の役割は兵《へい》站《たん》や戦闘準備のための整地や陣地づくりなどの土木作業だったと考えられます。その後、集団戦の時代になり、突撃隊などにも用いられますが、鉄砲は、農民兵を危険な戦闘集団に一変させたのです。

鉄砲であれば、武芸の訓練などしていない農民兵でも、引き金さえ引けば、相手を撃ち殺せます。もちろん鉄砲を扱う訓練は必要ですが、いわゆる弓馬の道とは根本的に異なります。どんな一騎当千の武者でも、鉄砲が命中すれば助かりません。当時の火縄銃は重くて扱いづらいものではありましたが、後の時代の銃と比べても、それ相応の殺傷能力がありました。当時の鍛冶技術の水準は非常に高く、鉄砲伝来からそれほど時を経ずして、大量生産が可能になります。一丁の相場は、いまでいうと七十万〜八十万円といったところで、兵器としては安価でした。

そこで信長です。長篠の戦いのとき、信長軍が持っていた鉄砲は、一千丁とも三千丁ともいわれていますが、いずれにしても、信長が大量の鉄砲を戦に持ち込んだこと、その数は武田軍の鉄砲数を圧倒するものだったことは間違いありません。おそらく、ひとつの戦場に、これほど大量の鉄砲が投入されたのははじめてのことだったでしょう。

つまり農民兵の大量動員×彼らでも扱える大量の鉄砲という掛け算に、信長の強さの秘密があった——。私はそう考えます。農民兵も鉄砲も、それぞれ単体では、どの戦国大名もやっていることだったでしょう。しかし、それを「掛け算」することは、誰にでもできたことではありませんでした。現に長篠の戦いのような鮮やかな戦果は、ほかに見当たりません。私が「信長は普通の戦国大名説」に異を唱えるゆえんのひとつです。

もうひとつ重要なのは、軍団の兵種別編制です。長篠の戦いにおいて、信長は「鉄砲隊」を組織していた。これが重要なのです。

従来、戦国武将の部隊編制はいわば「家臣団別編制」でした。戦争に臨んで、戦国大名

Aは、まず家臣団に動員をかけます。家臣団は、それぞれ自分の領地の武士たちに声をかけ、それぞれの武士たちは自分の配下の侍、あるいは農民兵を率いて参戦します。そのとき武士Bの一団は、そのまま「武士B隊」として参加します。つまり戦国大名Aの軍隊は、武士B、C、D、E以下略の部隊の連合体なのです。

これをバラバラにして、それぞれの武士の一団から、たとえば足軽だけを引き抜いて鉄砲隊に編制することは難しい。なぜなら、論功行賞ができないからです。「武士B隊」の戦功が、すなわち武士Bの評価になる。それを解体され、誰の戦功か分からないとなれば、家臣団の抵抗は必至でしょう。

つまり、信長が鉄砲隊を編制した、ということは、これまでの「家臣団別編制」から「兵種別編制」への転換でした。これがまさに時代の画期なのです。

戦国時代は一円的支配の時代、といっても、実際には、国のなかのより小さな単位を支配する武士たち、すなわち在地領主の連合体でもありました。そうなると、なかなか「家臣団別編制」を脱することは難しいのです。戦国大名によっては、個人的な抜擢によって、自らの直轄軍を編制する者も出てきますが、信長はさらにラディカルでした。それは信長による人事政策と密接な関係があります。

他に例を見ない信長の人事

信長の人事の特徴は、大胆な登用と切り捨て、そして独自の領地配分です。

大胆な登用については、詳しく述べるまでもないでしょう。織田軍団の中枢を担ったのが、羽柴秀吉であり、明智光秀であったことからも明らかです。

先に秀吉の父は足軽だっただろう、と紹介しましたが、いずれにしても秀吉は農民層の出身であり、織田家代々の家臣などではまったくありません。武士としての素性も確かならぬ人物です。その秀吉を織田軍団の中心にすえ、中国侵攻の大軍を任せている。そして、ご承知の通り、信長の死後には、その後継者になります。まあ、後継者となったのは、秀吉の個人的な才覚によるもので、信長の人事ではないのですが、それにしても日本史上でも例の少ない大抜擢といえるでしょう。ほかには幕末の志士たち（たとえば伊藤博文や山県有朋）くらいしか思い浮かびません。

素性のあやしさでは、明智光秀も負けていません。はじめ土岐氏、朝倉氏に仕え、まだ将軍になる前の足利義昭のもとに行き、信長との連絡役をつとめるうちに、織田家入りする。その光秀がやはり織田軍団の主軸のひとりとして、比叡山焼き討ちを指揮し、近江の一部と丹波という要地を治めるわけです。秀吉や光秀だけではなく、伊勢攻めや武田家討伐などに貢献し、旧武田領から上野国をもらって、関東御取次役を命じられた滝川一益なども、出自ははっきりしません。代々の重臣が力を持っていた伝統的な戦国大名には、ちょっと考えられない実力主義といえます。

その一方で、佐久間信盛のように、信長の父、信秀の代から仕えた筆頭家老だったのに、本願寺との戦いが長引いたのはお前が怠慢だったからだと、十九条にのぼる折檻状《せっかんじょう》をつきつけられて追放されてしまった例もあります。信長にとって、家臣に求めるものは能力であり、具体的な成果でした。

そして、自分の居城を次々と変えたように、家臣たちに与えた領地も、信長の戦略によって、次々と変えていきます。明智光秀が本能寺の変を起こした一因として、信長が光秀に、秀吉の中国攻めに加勢するよう言い渡した際に、それまで光秀が治めていた近江の一部、丹波を召し上げて、「これから戦って出雲、石見を取ったら、所領にしてよい」と言われた、という説がありますが、いかにも信長なら言いそうなことです。

これも、信長が「自分の領地にあるものは、すべて（重臣たちの処遇もふくめて）自分のものである」という一職支配の実現を考えていたからでしょう。つまり、それまで在地領主（地方豪族）の集合体の側面があった家臣団を、領地と完全に切り離し、信長の思うがままに配置する、いわば「家臣の官僚化」「家臣のサラリーマン化」を目指していた。それをよくあらわしているのが、いわゆる「府中三人衆」です。一五七五年、越前一向一揆を平定した後、信長は越前府中十万石を、前田利家、佐々成政、不破光治の三人に与えます。このとき、それぞれに個別の所領を与えたわけではなく、十万石を三人で共同統治せよ、と命じたのです。仕事と報酬は与えているが、具体的な土地は与えていません。まさにサラリーマン化で、こんな人事は、信長以外、誰もしませんでした。

さらにいえば、信長は美濃攻めで小牧山城に入ったとき、すでに武士の城下町への集住を進めています。武士を在地から引き離して、都市に常駐させる。これは秀吉の代になって本格化する兵農分離の嚆矢《こうし》といえるでしょう。それによって何が起きるか。常備軍を編制できるのです。

先に述べたように、戦国大名は農民をも動員することで、軍の大規模化を実現しました。しかし、農民兵には大きなウィークポイントがあります。それは、農繁期には動員をかけにくい、ということです。農村から兵隊を大量に動員してしまうと、労働力が足りなくなります。生産量が低下し、国の経済力が衰えてしまうと、最終的には軍事費用が捻出できなくなる。総じて国の弱体化を招いてしまうのです。

信長が常備軍化に着手できたのは、彼が商業経済を重視したことと深い関係があるでしょう。織田家は信長の祖父、父の代から、尾張と伊勢をつなぐ重要な湊《みなと》、津島を押さえていました。父の信秀が伊勢神宮の遷宮のため、巨額の献金をした史料が遺されていますが、これも商業都市を支配することで得たものだと考えられます。

信長は常に美濃、近江と経済の中心地を握り、ついには当時の日本最大の商都、堺を手に入れます。

実は、これが長篠の戦いにみる信長の革新性、第三のポイントになります。すなわち「兵器の大量購入ルートと資金の確保」です。

堺を押さえることは、潤沢な資金源を得ると同時に、日本一の鉄砲の生産拠点を握ることであり、また火薬の製造に不可欠で中国やタイなどから輸入していた硝石をいち早く手に入れることでもありました。一方、いくら武田信玄(長篠の戦いのときは、息子の勝頼でしたが)や上杉謙信が鉄砲の重要性を認識したとしても、大量に入手する方策がなかったのです。

権威の尊重とその利用――謙信と信玄の場合

この講義のはじめのところで、「信長は普通の戦国大名説」のひとつとして、「信長は足利将軍や天皇家、寺社を助けてもいた。だから、信長が権威の否定者とは言えない」という見方を紹介しました。果たしてそうでしょうか？　ここでは上杉謙信、武田信玄、そして織田信長がそれぞれ幕府や朝廷が提示する官職にどのような対応をしたかを検討してみたいと思います。

まず上杉謙信です。その実父は「下剋上」の例としても挙げた越後の戦国大名、長尾為景ですが、謙信は関東管領の上杉憲政の養子となります。上杉憲政は北条氏に攻められ、越後まで逃げてきたほどで、関東管領としての実力など何も持ち合わせていません。しかし、謙信は二度も上洛し、時の将軍、足利義輝や後奈良天皇、正親町《おおぎまち》天皇に拝謁し、一五六一年、義輝から直々に関東管領を相続する許可を得ました。

関東管領こそが東国の武士の長であるべきだと考える謙信はしばしば関東に遠征し、その権威で関東の武士たちを従わせようとします。軍神と呼ばれるほど精強な軍隊を率いる謙信がやってくると、東国の武士たちはひれ伏すのですが、謙信が越後に帰ると、北条氏に寝返る。これを繰り返すうちに、さすがの謙信も気がつきます。「あいつらは関東管領の権威に従っているのではない、俺の武力が怖いだけなんだ」と。

一五六八年、信長に担がれ、念願の将軍に就任した足利義昭からも関東管領に任命されますが、謙信は越中を攻め、それがうまくいかないと、今度は出羽庄内地方を手に入れます。もちろん越中も庄内も、関東管領とは関係のない土地です。つまり、謙信は「はじめ権威を信じていたが、後にその無意味さに気づき、自家の領地の拡大に立ち戻った戦国大名」ということになります。

続いて、武田信玄です。一五五三年、信濃国をほぼ平定した信玄は、一五五七年、上杉謙信との第三次川中島の合戦のあと、時の将軍、義輝の仲裁を受容します。そのとき信玄が出した条件が、自分を信濃国守護に任ずることでした。つまり、信玄は信濃侵攻で得た支配を、現地の有力武士たちに認めさせるために、守護の肩書を使おうとしたのです。信玄の場合は、「将軍の顔を立てるかわりに、守護という〝印籠《いんろう》〟をかざして、現地支配に利用しようとした抜け目のない戦国大名」といえるでしょう。

信長の場合　VS足利義昭

では織田信長はどうでしょうか。一五六八年、足利義昭を伴って上洛した信長は、六角氏、三好三人衆といった畿内の有力武士を退けます。将軍の座に就いた義昭は大喜びで「武勇天下第一」とほめあげた上で（この「天下」は果たして畿内を指すのでしょうか?）、「室町殿御父」と呼びたい、つまり自分の父とも言える存在だと言い出し、副将軍か管領に就任させ、畿内五カ国を知行として与えようとします。ところが信長はこれを受け取らず、かわりに堺、草津、大津を直轄地にすることを認めさせます。

なぜ、信長は義昭の申し出を辞退したのか。理由ははっきりしています。副将軍だろうと管領だろうと、そんなものに何の意味も、実利もないと思っていたからです。畿内五カ国に至っては、それを武力で平定したのは信長です。

私が「天下布武は畿内五カ国を指す」という意見に与しない理由のひとつは、京都に攻めあがった信長が、次に攻めたのが越前の朝倉氏だったことです。もし畿内の統一が目標なら、朝倉氏を攻める必然性はありません。元管領の畠山氏や、一向宗の総本山である石山本願寺など、畿内にもまだまだ先に倒すべき強敵、面倒くさい敵はいたのです。越前攻めは、信長の企図が畿内を大きくはみ出していたことを示唆しています。

信長が欲しがったのは、あくまでも実利です。草津も大津もいくつもの街道や琵琶湖の水運が交わる物資の集積地でした。しかし、商人たちを武力で押さえつけるのは得策ではありません。幕府のお墨付きのほうが、商人たちには受け入れやすいと考えたのでしょう。

では、なぜ信長は上洛したのでしょうか。私の考えでは、信長にとっての京都は、足利幕府でもなく、朝廷でもない、商業の中心地としての京都でした。そう、足利尊氏が京都を選んだのと同じ理由です。

経済こそは、信長が天下統一を目指した大きな要因のひとつでした。商業を握る者が、国を強くし、ライバルに打ち勝つことができる。これが津島の経済力を振り出しに、勢力を拡大し続けた織田氏と信長の成功体験でした。商品、そして貨幣は本来、国境を越える性格を持っています。戦国的な分国状態は、その発展を妨《さまた》げます。また経済をコントロールしようとすれば、国全体を掌握しなければなりません。楽市楽座も、関所の撤廃も、一国における単なる商人庇護の政策ではなく、こうした信長の全国支配の構想のなかで位置付けて、はじめて革新的なものとなるのではないでしょうか。

信長は、上洛するとすぐに京都の支配に乗り出します。「京都奉行」として、木下藤吉郎（のちの豊臣秀吉）や明智光秀、丹羽長秀といった腹心の部下を配置します。内裏の修繕や寺社への寄進も、京都再興策と捉えることができるでしょう。戦乱で一度は荒廃したとはいえ、地政学的に見て、京都はやはり交通と通商の中心地です。その復興なしに、全国規模の経済は回らないと考えたのでしょう。そして先にも述べたように、京都への物流の入り口である大津と草津を押さえ、琵琶湖を勢力圏に置いて京都への物流経済を実質的に支配していた比叡山の焼き討ちを決行します。

さらに、堺を拠点として、海外との貿易にも乗り出します。ポルトガルやスペインからの文物を手にし、宣教師たちの話に耳を傾けた信長は、この「日本」という国には外側があり、そこには鉄砲などの強力な兵器を産み出す文明がある、と認識する。このとき信長は、世界のなかの「日本」を強く意識せざるを得なかったでしょう。

信長の場合　vs正親町天皇

信長と天皇家の関係はどうだったでしょうか。一五六八年の上洛の際、信長は「正親町天皇の保護」を名目にしています。翌一五六九年には正親町天皇からも「副将軍に任命したい」とオファーを受けますが、信長は何の返事も返していません。

一五七三年、信長は、自分と敵対した義昭を京都から追放し、朝廷に対し、年号を「元亀」から「天正」に改元することを要求して、これに従わせます。また、正倉院に収められ、天下の名香とされていた香木、蘭奢待《らんじゃたい》の切取りを、正親町天皇に認めさせます。この「蘭奢待の切取り」、かつては「信長の横暴」という見方が多かったのですが、近年の研究では、信長自らがわざわざ東大寺や春日大社を参詣して謝意を示すなど、けして横暴な態度ではなかった、とされています。しかし、丁寧な態度だからといって、朝廷に言うことをきかせたことに変わりはないでしょう。

信長は一五七五年、ようやく権大納言となり、さらに右近衛大将を兼任します。これは源頼朝と同じ役職でした。その後、右大臣にまで昇りましたが、一五七八年、突如、辞任。一五八一年、朝廷はついに左大臣に推任しますが、信長は「正親町天皇の譲位後にお受けする」と答えた翌月、譲位の延期を通達します。

太政大臣、関白、征夷大将軍。信長が選んだのは？

その翌年の一五八二年四月に朝廷との間で「太政大臣、関白、征夷大将軍のいずれかに任ずる」という話が持ち上がります。有名な「三職推任《さんしきすいにん》問題」です。

歴史研究の世界では、「この話は朝廷から出たのか、信長側がもちかけたのか」、「信長はどれになるつもりだったのか」という議論がありますが、いまのところ、答えは出ていません。どれも選ばないまま、同年の六月二日、本能寺の変で、信長が死んでしまったからです。

私の答えは、ここまで講義を聞いていただいたみなさんにはお分かりになるでしょう。「どれになろうと、なるまいと、信長にとってはほとんど意味はなかった」です。

信長が権力を獲得したのは、将軍義昭が認めたからでも、天皇が評価したからでもありません。自らの武力で勝ち取ったものです。むしろ義昭や正親町天皇が信長を利用しようとしているわけです。信長は「自分の力を利用しようとする将軍や天皇を適当にあしらい、官職の利用価値もほとんど認めていなかった戦国大名」だと、私は考えます。

とはいえ、信長が幕府や朝廷にまったく無関心だった、というわけではありません。誰も真面目には相手にしなかった足利義昭をわざわざ京都に連れてきて、将軍の座に就けたうえで、お得意の箇条書きのお小言を並べ、政策提言も行なっています。朝廷や有力寺社に対してもパトロン的な役割を果たしていました。さらには、朝倉氏や本願寺などとの抗争が長引くと、朝廷に和睦の仲介を頼んでもいます。これをもって、「信長は中世的な権威を無視できなかった」、さらには「中世的な権威を尊重していた古いタイプの権力者だった」と論じる研究者もいますが、そうではないでしょう。

信長にとっては、幕府も朝廷も、もっとリアルな敵である他の戦国武将や本願寺などと対決するときに使用するカードのひとつに過ぎなかった。そのカードの使用価値を高めるためには、彼らの権威を適度に持ち上げる必要がある。そう考えていたのではないでしょうか。信長自身は価値を感じなくても、他者には「価値あるもの」と思わせなくては、カードの効き目がありません。第四回の宗教講義のところでみた「利用するためには尊重しなければならない」という法則が、ここでもあてはまるのではないでしょうか。

信長最大のライバルは？

では、天下統一を目指した信長にとって、最大のライバルは何だったのでしょうか。私は武田信玄でも毛利輝元でもなく、一向宗だったと思います。

信長は、一五七〇年から一五七四年にかけて、伊勢長島の一向一揆と戦い、ついにこれを攻め滅ぼします。三度にわたる激戦を経て、最後には屋長島と中江の二つの城に火攻めを行ない、城中に立てこもった二万の信徒を焼き殺したとされています。当時、伊勢の一向宗信徒は十万人を超える一大勢力でした。

また長島一向一揆を壊滅させた翌年には、一向宗信徒の蜂起によって「百姓の持ちたる国」となった越前国を、三万の大軍で攻め、信徒側に一万二千人もの死者を出して平定すると、一五八〇年には、十一年におよぶ戦いの末に、一向宗の本拠地である大坂の石山本願寺を攻め落とします。近代以前の日本の歴史において、これほどまでに大規模な虐殺はほとんど起きていません。

信長は、なぜここまで一向宗を敵視したのか。その理由は、一向宗の教えもさることながら、それを支えた村落構造にあったと考えています。

一向宗の信仰が、日本には珍しい、一神教型の強烈なものだったことは、前回の宗教講義でも述べた通りです。

京都大学名誉教授だった朝尾直弘先生は、「信長は天皇を超える神になろうとしていた」とする所説を発表しています。その根拠のひとつとして、宣教師ルイス・フロイスの残した記録に、信長はその晩年、安土城内に建てた摠見寺に御神体として石を置き、「これを自分だと思って崇めよ」と言ったとあることを紹介しています。私はこれは非常に興味深い問題提起だと思っていますが、歴史学界には「信長が天皇を超えようとすることはありえない」と、まともに向き合おうとしない風潮が感じられます。

私は、徹底した合理主義者でもあった信長が、そうした超自然的な領域を重視しただろうか、という疑問を感じる一方、信長がその一元的支配を、宗教というヴァーチャルな世界にまで徹底させようとした可能性もあると思っています。その意味でいえば、現世の支配者よりも阿弥陀仏を上位に置く一向宗も、神の支配を広めようとするキリスト教も、最終的には、信長とは相いれないものだったかもしれません。

ただし、信長は、一向宗の教えを否定はしていませんでした。むしろ浄土宗と日蓮宗の論争「安土宗論」を行なわせ、浄土宗が勝ったと判定しています。もし教義そのものを否定するのであれば、それこそ『沈黙』のように信者をあぶり出して、改宗を迫るような施策をしたでしょうが、そうした弾圧はしていません。あくまでも一向一揆に対して、苛烈に対処しているのです。

その苛烈さはどこに起因しているのか？　そこで私が着目したのは、一向一揆を支えた村落の構造でした。

当時の惣村は、大きく言えば三つの階層から成り立っていました。まず半分武士、半分農民であるような地主層があり、村のリーダー的な立場でした。彼らが足軽、雑兵として戦場に駆り出されます。そのため、それなりの武装も備えていました。その下に位置するのが、本百姓と脇百姓という農民層です。両者の違いは耕作規模で、どちらも自分の田畑を耕し、税を納めている自立した小農でした。ここまでが村落共同体のフルメンバーで、村で起きた問題を相談する会合に参加したり、祭りなどの際には、神社などの社殿に座を占めることができるグループです。その下に置かれていたのが、自立できずに、地主や本百姓らから種もみを借りて耕作を行なう下人と呼ばれる人々です。

興味深いのは、惣村同士が水平的な結合をしていたことです。つまり、地主同士、本百姓同士、下人同士と、同じ階層ごとに交際し、情報を共有し、連帯する形で、ネットワークが広がっていくのです。そうして惣村同士が結合して惣郷となり、さらに惣郷が集まって惣国になるケースも出てきます。平等志向の強い一向宗は、この横につながる惣村の構造にマッチしたのです。

当時、惣村で起きていたのは、農業技術の進歩や新田開発、治水や利水工事による、生産力の飛躍的向上でした。畿内の先進地域では、室町後期には、平安時代末期と比べて、収穫が三～五倍程度に増えていました。先にも述べたように、人口が増え、経済的に豊かになれば、その分、戦闘力もアップします。長島一向一揆のように十万人が蜂起に加わると、戦国大名といえども、簡単には潰せません。信長が越前一向一揆に三万人を動員したのも、信徒たちの数を恐れたからです。

また、生産力の向上は、領主と惣村の間で紛争の種にもなりました。生産量が増大しても、生産高を記した帳簿上の年貢は変わりません。この年貢を納めた後の余剰分を、加地子《かじし》といいます。支配層である領主（戦国大名）からすれば、生産が増えた分だけ税を多く取り立てたい。加地子を渡せ、と要求します。対する惣村側は、できるかぎり領主に納める税額を据え置いたままにしておき、加地子を手元に蓄えておきたい。そのせめぎ合いが激化すると、一揆に発展しました。

室町時代中期、一向宗の勢力を近畿、東海、北陸一帯にまで拡大した蓮如は、地主層への浸透を重視していました。リーダーである地主層を引き込めば、惣村全体に教えが広がります。そして、地主同士、本百姓同士、下人同士のネットワークを通じて、一向宗の教えは燎原《りょうげん》の火のごとく横に広がっていったのです。

これはすべてのものを領主が一元的に支配するという信長の一職支配とは、まったく異なるベクトルを持ったものでした。信長が目指したのは、頂点に自分が立ち、家臣団を支配し、家臣団が与えられた領地で農民たちを管理するというピラミッド構造のタテ社会だったのです。それは信長が組織した軍団における、上意下達の構造でもありました。

タテとヨコのぶつかり合い

信長と一向宗の対立は、タテ社会とヨコ社会の構造的なぶつかり合いでした。戦国大名は基本的に自らの領国内で完結した存在です。それに対してヨコに広がる一向宗はある地域で一揆が沈静化しても、また遠く離れた別の地域に飛び火して一揆が発生します。加賀の一向一揆のあと、越前で蜂起がおこり、長島でも一揆が続いている。一見、本願寺が司令塔となっているようにも思えますが、実際には、各地で独立した信徒の蜂起が、連鎖的に起きているわけです。信長にしてみれば、こんなにコントロールの難しい「敵」はいなかったでしょう。

いささか逆説的になりますが、信長が天下統一によって、世にもたらそうとしていたのは「平和」だったと考えます。信長の後継者となった豊臣秀吉の言葉を借りれば、「天下静謐《せいひつ》」です。武力によって天下をひとつのものにしてしまえば、分国化した状態で限りなく続いてきた戦乱が止む。「天下布武」とは、そうした信長のヴィジョンを示す言葉でしょう。だから、「天下」は畿内五カ国ではないのです。畿内を武力で押さえたところで、「平和」はやってこない。日本全国に「武を布《し》く」、すなわち自分の武威を示すことでしか、戦乱は終わらない。そんなことを考え、実行に移した戦国大名は、やはり、信長しかいないのです。

第六回講義　秀吉の天下統一

「羽柴がこねし天下餅」

織田信長の築いた軍団、領地、統治システムを引き継いだのが豊臣秀吉でした。

これもよく知られているように、秀吉が豊臣姓を名乗るのは、一五八六年、彼が関白に任命された翌年のことです。秀吉の名がはじめて見られる史料は一五六五年のものですが、そこでは木下藤吉郎秀吉。一五七三年には当時の織田軍団の2トップ、柴田勝家と丹羽長秀から一字ずつもらって羽柴秀吉（いかにも秀吉らしい、臆面もないごますりです）となりますが、今回の講義では豊臣秀吉で通します。武田信玄にせよ、上杉謙信にせよ、名前がどんどん変わるケースは少なくないのですが、基本的には、現在、最も人口に膾炙《かいしゃ》した名前で呼ぶことにします。

なぜ秀吉のところで、こんな長口上を披露したかというと、秀吉の「出世」が前代未聞のものだったからです。農民階層から一国のリーダーになるケースは、それこそ明治維新以後、近代になってからしか見られません。いるとすれば、道鏡くらいかな？　基本的に、前近代の日本は世襲が強い身分制社会でしたから、秀吉は異例中の異例といえます。もっといえば、それを準備した信長の人事登用がいかに革新的だったか、ということにもなります。それにしても、関白になって自分でこしらえた「豊臣」という姓はあまりにも人工的でかつ偉そうですよね。織田家臣時代の秀吉を豊臣姓で呼ぶのはどうも違和感があるのですが、秀吉の事績と政策を俯瞰するには、やはり豊臣秀吉が分かりやすいでしょう。

「織田がつき羽柴がこねし天下餅、坐りしままに食うは徳川」と狂歌にも詠われたように、しばしば「天下統一への設計図を描いたのは信長であり、秀吉はそれをなぞっただけだ」という言い方がされます。前回の講義でも述べた通り、私も「天下統一」というヴィジョンを提示したのは信長だけではないか、と考えているので、この説にうなずける面も多々ありますが、そうだとしても、設計図を現実のものにするのはやはり大仕事であり、大きな時代のハードルをいくつも越えなければなりませんでした。その意味で、秀吉もまた歴史を動かす役割を担った人物だといえます。

ちなみに、少々しつこく絡んでいるようにみえるかもしれませんが、「信長は普通の戦国大名だった」とする見方だと、「天下統一のヴィジョンを一から描いたのは秀吉だった」ということになり、「秀吉だけは普通の戦国大名ではなかった」としなければ、理屈が合いません。しかし、そういう説を唱える声はあまり聞こえてこない。なぜ、こんなことをくり返し述べているかといえば、それは「歴史の全体像をつかむ」、「歴史の流れを説明できる」ことが歴史研究者にとって大事な目標だと思うからです。歴史のパーツパーツをいじって、「ここがおかしい」と言っているだけでは批判として成立していないと言いたいのです。あるいは、「信長も秀吉も普通の戦国大名だ」とするならば、「戦国時代が終わったのはなりゆきだ」ということになる。それでは、歴史を考えることにはならないでしょう。

さて、本題に戻りましょう。秀吉が担った時代の変化、すなわち天下統一とはどういうものだったのでしょうか。

なぜたった八年で天下を統一できたのか？

「天下統一」を一言でいえば「戦国の世の終焉」です。日本全国に、尾張国、甲斐国といった、戦国大名を頂点とする一円的支配の「国」が成立した「地方の時代」、それが戦国時代だったことは、前回も述べた通りです。その支配の源となるのは、戦国大名自身の軍事力、経済力、政治力、外交力などを総合した「実力」でした。

実力主義の時代は、同時に激しい競争の時代でもあります。動員できる兵力が激増し、殺傷能力が高く扱いが容易な鉄砲の導入などもあって、競争の時代は、戦乱の時代となっていきます。つまり日本の歴史にはそれまでなかった夥《おびただ》しい殺し合いの時代になってしまったのです。

それに対し、日本全国を一円的に支配する政権をつくる。これが「天下統一」であり、「戦乱の世の終わり」を目指すものでした。しかし、平和な世を実現させた力も、また武力だったのです。

秀吉の天下統一までのプロセスをみてみると、軍事と外交が巧みにミックスされたものだったことが分かります。

一五八二年、本能寺の変の報を受け、中国地方で毛利氏と戦っていた秀吉は驚異的なスピードで京都へ戻り、明智光秀を倒します。そして清須会議で、信長の長男、信忠の息子である三法師を擁立した上で、信長家臣団の筆頭だった柴田勝家を武力で倒し、織田軍団を完全に掌握しました。

問題はその先です。秀吉が軍事力で完全に攻め滅ぼした主な敵は柴田勝家と北条氏くらいで、毛利、長宗我部、島津などは最後まで追い詰めることなく、存続させています。それが、秀吉がスピーディーな統一を果たすことができた要因でしょう。本能寺の変から一五九〇年の北条氏征伐までわずか八年しかかかっていません。

信長ならば、自分の意に沿わない敵を徹底的に叩き潰し、いわば更地のようにして、全国支配を進めようとしたでしょう。それに対して、秀吉は、旧来の勢力が温存されたままの統一だったともいえます。

その最大の例が徳川家康でしょう。一五八四年、秀吉の織田家乗っ取りに納得がいかない織田信雄と組んで、家康が秀吉とぶつかります。小牧・長久手の戦いで、家康にうまく勝ち逃げされてしまった秀吉は、和睦路線に切り替え、家康を臣従させることに成功しますが、「秀吉に負けなかった男」家康の信望は高まります。秀吉の晩年、家康は豊臣家最大の敵となりますが、その萌芽は小牧・長久手のあと、秀吉が家康を潰し切れなかったことにある。これはまた後ほど論じたいと思います。

兵農分離と太閤検地

秀吉の天下統一事業のなかでも、特に重要なのは兵農分離と太閤検地です。どちらも、日本史の最重要テーマの一つ、土地支配に関わる問題だからです。

戦国期、農民の動員こそが兵力増大の最大要因であることは再三のべましたが、自らも農民層の出身である秀吉は、まさにそこにメスを入れます。一五九一年の身分統制令で、武家に奉公する若党、中間、小者が農民になることを禁じ、逆に農民が農地を放棄することも禁じた法令でした。そして同じころから行なわれた刀狩りでは、武士以外の農民、そして寺社からも帯刀の権利を取り上げます。寺社から取り上げているのもポイントで、信長をさんざんてこずらせた比叡山延暦寺も、石山本願寺も武装解除を余儀なくされたのです。

こうして秀吉は、半武士半農民状態だった惣村のトップ層に、下級武士や武家の奉公人として城下町に集住するか、村にとどまって在地の有力者（名主、庄屋など）であり続けるかわりに武器を手放すか、という選択を迫りました。これは一向一揆などの武装蜂起を妨げるものでもありました。

そして太閤検地です。これこそまさに天下統一の事業といえます。そもそも領主が自分の領地から徴税を行なうにあたっては、その土地の広さ、生産高、耕作者などを知り、権利関係を整理して、課税高を決める必要があります。この土地の検分を検地と呼びます。

これまで述べてきたように、土地の権利の掌握、生産高に応じた徴税こそは、戦国大名の一円的支配の基礎となるべきものでした。信長も検地を行なっており、秀吉もその現場責任者をつとめていましたから、検地の重要性はよく分かっていたことでしょう。

太閤検地は、これを全国規模で行ない、秀吉が一元的に把握できるようにしたのです。太閤検地では、土地の面積を測るのに、それまでは三百六十歩を一段としていたのに対して、六尺三寸（約百九十一センチ）四方を一歩とし、三百歩を一段としました。そして面積表示を町、段、畝、歩に統一し、田畑の等級を上、中、下、下々と評価します。面積と等級をかけ合わせて導き出した土地ごとの生産力は、石高であらわされました。

そして、耕作者を特定します。検地帳に、耕作している農民の田畑と屋敷地を登録し、「一地一作人」を徹底しました。

こうして田畑の面積と米の収穫量を、全国規模、かつ統一基準で把握することで、その土地から年貢がどのくらいとれるかが明らかになったのです。

さらに、度量衡の統一も行ないました。世界史で「秦の始皇帝が度量衡の統一を行なった」と習いませんでしたか？　中央集権を行なうには不可欠な事業といえます。そもそも、それまで徴税のために米の量をはかる枡は、地域によってばらばらでした。これでは全国規模での正確な生産高が把握できないだけではありません。広域でものを売買するときに、売る側と買う側で違う枡を使っていては、そのつどはかり直さねばならず、大変な無駄手間になってしまいます。秀吉は、縦横四寸九分（約十四・八センチ）四方、深さ二寸七分（約八・一センチ）の一升枡（京枡）を全国標準と定めます。この枡は、秀吉が定めたということで、「太閤枡」とも呼ばれました。

一五九二年には人掃令《ひとばらい》を出し、村における戸別調査を実施します。家の数、人口、男女老若の別、職業などを登録したのです。

こうした太閤検地とそれに関連する政策によって、秀吉は全国の農地と領民を数量的に把握した上、全国の大名たちの「懐具合」の情報も握ることになります。大名たちがどれだけの領地を持ち、どれだけの生産力があるかを知れば、彼らが動員できる兵力も割り出せます。これにより大名や家臣などの配置も合理化できるのです。

これを農民側から見ると、どうなるでしょうか。農民の武装解除や統一的な基準による正確な検地などは、惣村という形をとるに至った在地の自立化への動きに、いわば上からくさびを打ち込むようなものでした。秀吉政権という一元的権力が上から把握し、管理することが可能になったのです。

しかし、それは、秀吉という強大な軍事政権が農民の土地を安堵してくれる、ということでもありました。さらには、兵農分離により、戦乱のたびに農民が兵力として動員されたり、田畑が荒らされたりするなど、生命や財産が危険にさらされることはなくなります。兵農分離と太閤検地に代表される秀吉の政策は、土地の安堵と平和の保障という点で、農民のニーズにもかなう要素があったといえるでしょう。

伴天連追放令と一職支配

実は第四回の宗教講義で取り上げた、一五八七年の伴天連追放令も、秀吉による領民（いや、もはや国民でしょうか）の一円的支配の貫徹という視点からもみることができます。

天下人となった秀吉は、当初、キリスト教を禁じてはいませんでした。南蛮貿易がもたらす富や最新の事物は、秀吉にとっても魅力があったのです。それが一変したのは、一五八七年、九州平定のために現地に赴き、大村純忠が長崎をイエズス会に寄進してしまったことを知ったときでした。

大村純忠は、港を開いてポルトガル人との貿易をはじめ、自らも日本初のキリシタン大名となります。領民にもキリスト教を勧め、その領内における信者数は六万人を超えました。純忠は、領内の寺社の破壊、僧侶や神官の迫害、さらには先祖の墓所の破却なども行なうようになります。一五七〇年には長崎を港としてポルトガル人宣教師団に提供。龍造寺氏に長崎港を攻められると、ポルトガル人に応援を頼んで戦うなど、関係を深めていった結果、一五八〇年に長崎をイエズス会に教会領として寄進したのです。

秀吉が驚き、怒るのも無理はないと思いますが、ここからは当時の西国大名が、信長、秀吉のような天下統一路線とはまったく異質な「国家像」を描いていたこともうかがえます。つまり、彼らは東、つまり瀬戸内海から京都の方向ではなく、西の海の向こうを見ていた。ポルトガルやスペインといった「南蛮」、朝鮮半島や中国大陸との交易や協力関係のほうが、よりリアルな関心事だった可能性があります。やはり九州のキリシタン大名、大友宗麟はポルトガルから大砲「国崩し」を購入、晩年にはキリスト教王国をつくることを夢見ていました。

秀吉は恐らくキリスト教の脅威と同時に、こうした「異なる国家像」を何とかしなければと考えたのでしょう。それがうかがえるのが、一五八七年の伴天連追放令なのです。そこでは「伴天連門徒の儀は、その者の心次第たるべき事」、信仰はその者の心次第だ、としています。第四回の宗教講義で述べた通り、内面の信仰は許す、というのです。興味深いのはそのあとです。

つづいて「国郡在所を御扶持に被遣を、その知行中の寺庵百姓已下を心ざしに無しの所、押付て給人伴天連門徒可成由申、理不尽成候段曲事候事」とあります。後半は領民たちがその気もないのにキリスト教の信仰を強制したのは理不尽だ、といっています。これはしごく妥当でしょう。ここで面白いのは、冒頭の「国郡在所を御扶持に被遣」。つまり大名が治めている「国郡在所」すなわち領地は「御扶持」、秀吉が与えたものである、というわけです。もともと秀吉の土地であり、秀吉の領民であるのに、勝手なことをするな、というのが、この条の主旨なのです。

さらに、それにつづく条では、この点を念押ししています。

「その国郡知行の儀、給人被下候事は当座の儀に候、給人はかはり候といへども、百姓は不替ものの条、理不尽の儀何かに付て有るにおいては、給人を曲事に仰出さるべく間、その意を成すべく候事」

「給人」は秀吉から領地を支給されている人、すなわち大名です。大名がその領地を知行として任されているのは「当座の儀」、一時的なことに過ぎず、自分の一存で大名は配置替えをすることがある。しかし、農民はその地を動くことはない、というわけです。このように、一五八七年の伴天連追放令は、おそらく大村純忠の例を念頭に、「この国は俺が一元的に支配している。お前たち（大名）に、俺が一時預けているだけだ」という秀吉の一職支配の論理を言明しているのです。

そして、もうひとつ興味深いのは、秀吉がキリスト教の脅威を、一向宗と重ね合わせていることです。

「伴天連門徒の儀は一向衆よりも外に申合候由、聞こし召され候、一向衆その国郡に寺内をたて給人へ年貢を不成並びに加賀一国門徒に成候て国主の富樫を追出、一向衆の坊主もとへ知行せしめ、その上越前まで取候て、天下のさはりに成候儀、その隠れなく候事」

キリスト教徒は一向宗門徒以上に、「外に申合」、横のつながりが強いと聞いている。一向宗は領主ではなく坊主に年貢を納めるようになり、加賀国は一国すべてが門徒となり、越前まで乗っ取ろうとした。「天下のさはり」である、というわけです。秀吉は、一向一揆を単に加賀や越前といった一国にとどまるものではなく、「天下のさはり」、つまり天下統一にとっての障害だと認識している。そして、キリスト教もそうした危険性を持つ宗教ではないか、と直観しているのです。

この伴天連追放令からは、秀吉が何を警戒していたかが伝わってきます。それは天下統一、すなわち一職支配の貫徹に対する最大の障害としての宗教だったのです。

デスクワークが強さの秘密

信長が軍事において、「兵種別編制」「常備軍化」「経済・流通の重視」といった革新性を示したことは前回述べました。秀吉も負けていません。ここでは「デスクワークの重視」という観点から、その革新性を見たいと思います。

秀吉の戦いといえば、進軍のスピード、城攻めが上手い、土木の活用、そして超大規模軍の編制などが挙がりますが、そうした個別の戦術を支える大きな特徴があります。それは兵站の重視であり、それを支えるデスクワークへの評価の高さです。

家康における四天王のように、秀吉の配下で戦場における功績で有名なのは、「賤ヶ岳の七本槍」でしょう。柴田勝家と雌雄を決した賤ヶ岳の戦いにおいて武功を挙げた七人を指すのですが、彼らがどのように処遇されたのかをみてみましょう。

まず秀吉は「賤ヶ岳の七本槍」全員に三千石を与えます。その後、加藤清正は戦いでは武功を挙げていません。虎退治などで知られるため、勇壮で武功を立てた強い武将というイメージがありますが、小牧・長久手の戦い、四国征伐、九州平定といった大規模作戦に参加するものの、前線で槍を振り回したりはしていなかったのです。そのかわり、清正が担当していたのは、前線の部隊のために、後方で、軍需品や食糧、馬、人員の供給・補充・修理などを指示する役割、つまりは「兵站」でした。実は、秀吉はその働きぶりを評価して、清正を一気に、肥後半国、二十万石の大名に抜擢したのです。

さらに清正は、熊本城や名護屋城、江戸城、名古屋城などにたずさわった築城の名手としても知られています。しかも熊本の領内では城下町の整備や治水事業にも成果を挙げて、農業生産力の向上にも貢献しました。加藤清正の正体は、兵站と土木に長けた優秀な軍事官僚だったのです。

一方で、同じ「七本槍」でも、脇坂安治（甚内）は、秀吉に、伊賀国の代官に任じられ、木材を伐採して京都へと送るように命じられます。けれども安治は、自分にはその手腕はないとして、断ります。そして、「槍働きは得意ですから、どうか私を合戦に連れていってください。秀吉様のために命を賭けて働きます」と頼み込むのですが、秀吉は「何のために、お前にその仕事をさせているると思っているのか。槍を振り回すだけの男にはなるな」と安治を前線に送ることはありませんでした。彼はなんとか任務をこなしたものの、秀吉を十分には満足させられなかったようで、三万石で昇進が止まってしまいます。

このことから、秀吉は戦場での働きよりも、デスクワークを重視していたことが分かります。これは秀吉の特異性といえるでしょう。信長の評価基準は「戦争に勝つか負けるか」であり、秀吉や明智光秀のような勝てる武将はどんどん出世し、功臣であっても佐久間信盛のように本願寺攻めでしくじるとあっさりパージされます。極端なまでの「軍事的成果主義」。それが信長です。家康については次回の講義で詳しく述べたいと思いますが、人事を見る限り「軍事偏重、行政実務の軽視」は明らかです。もっとも軍事は戦国大名のアイデンティティであり、権力の源なので、家康のような大名のほうがより一般的で、秀吉のデスクワーク重視のほうが異例なのです。

それを端的にあらわしているのが、秀吉政権の五奉行です。浅野長政、前田玄以、石田三成、増田長盛、長束正家と、見事に行政系ばかりです。秀吉とは妻を通じての義兄弟である浅野長政は太閤検地の担当として実績をあげ、前田玄以はもともと禅僧で朝廷との交渉、キリシタン対策を担当しています。能吏として有名な石田三成は堺奉行を拝命し、堺を秀吉の兵站拠点とします。九州平定でも兵站担当として活躍、朝鮮出兵でも総奉行をつとめました。増田長盛は小田原征伐の戦後処理や検地で活躍、秀吉が紀伊、和泉、大和にもっていた直轄地の代官も担当しています。長束正家は優秀な財政家で、太閤検地や豊臣家の土地管理でも成果を挙げています。これほどまでに「事務能力の高さ」で抜擢を行なった武将は、秀吉しかいません。

しかも、この「デスクワークの重視」こそ、秀吉軍の強さの秘密だったのです。

有名な中国大返しでは、岡山県の備中高松城から京都の山崎までの約二百三十キロを三万もの兵を率いて、わずか十日間で戻り、明智軍を討っていますが、このとき、秀吉は各所に兵糧を用意しており、休息を一日とった姫路では、城内の備蓄金と兵糧をすべて兵士たちに分配しました。まさに兵站感覚の勝利といえるでしょう。

さらに高松城の水攻めでは、十二日間で四キロもの堤防をつくりあげます。城攻めは難しく、一般に攻め手は三倍の兵力が必要だとされます。それでも多数の犠牲者を出すのは避けられません。土木工事で川を堰《せ》き止め、城を沈めてしまえば、攻め手のリスクを減らして、相手を降伏に追い込めるというわけです。

また九州平定や小田原征伐のような二十万もの超大軍を動かす作戦は、バックヤードでの膨大な事務処理なしには不可能です。

このように戦争は兵站と土木、移動のスピード、そして兵隊と武器の物量で決まるといった、現代軍事学の教科書に書かれているような認識を、秀吉は持っていました。

それは見方を変えると、現場の目線ということにもなります。現場に動員されている兵士、特に下支えを担わされる農民兵の視点から、彼らを有効活用し、リスクも減らして、モチベーション高く動かすことができるか、そんな「目線の低さ」を秀吉の戦略からは感じ取れます。

なぜ朝鮮に出兵したのか？

実は私には秀吉の、特に晩年について、理解に苦しむ点があります。なぜ朝鮮を攻めたのか、という疑問もありますが、これはまだいくつかの理由が想定できます。朝鮮出兵に際して、秀吉は、九州の大名たちに対して、百石につき兵を五人出すよう命じています。中国地方、四国地方では四人、その他の地域では三人でした。九州に領地をもらっている加藤清正や小西行長はそれぞれ二十万石くらいですから、一万人の兵を用意しなければなりませんでした。これはかなり苦しいレートです。少し後の関ケ原の合戦では、百石につき三人、つまり三十三万石で一万人が動員されたという算定式があります。兵站の天才、秀吉はこの無謀さに当然気が付いていたはずです。

にもかかわらず、出兵を強行した理由として、天下を手中に収めた秀吉が、この勢いで中国も支配できるという思い上がった気持ちから、手始めに朝鮮を狙ったという説があります。しかし、秀吉ほどの戦略家が、自分の名誉欲を満たすだけのために、無謀な企てに突き進んだとは、どうにも考えにくいのです。

私があり得ると考えているのは、シンプルですが、領地を増やすためだったというものです。これも昔からある説ですが、もう一度検討してみましょう。基本的に秀吉政権は極度に成長志向の政権です。勝てば勝つほど領地が増え、秀吉に従う者は豊かになった。しかし、全国を統一してしまうと、もはや新たな恩賞は望めません。そこで、家来に与える土地を獲得するために、海外へ出兵したのではないか。新たに手に入れた領地を家来に配分して、自分に忠実で有力な大名を朝鮮や中国に配置すれば、ライバルである家康の相対的な地位も低下します。

あるいは、全国を統一したものの、しょせんは「俺の力だけで国を治める」戦国大名の寄せ集めです。天下静謐といいながら、一朝事あらば、まだまだ戦乱の世に戻ることを狙っている者も少なくなかったでしょう。それをひとつに束ねるために、対外戦争を起こした、という考え方もあります。しかし、国がひとつにまとまるのは、外からの脅威か、痛快なまでの勝ち戦でしょうが、残念ながら、朝鮮出兵はどちらでもありませんでした。

なぜ家康を倒さなかったのか？

　私の秀吉に対する最大の疑問は後継者問題です。もっと言えば、最大のライバルである徳川家康をなぜ倒さなかったのか。豊臣政権を続けていきたいのであれば、朝鮮出兵に十五万人も送り込むのではなく、関東の家康を攻めるべきでしょう。あるいは、家康を朝鮮出兵の総大将にして、その力を削ぐ、というやり方も考えられます。

　この謎を探るべく、少し時間を戻してみましょう。北条氏が滅亡した後の、家康の関東転封です。

　一五九〇年、小田原征伐で北条氏を滅ぼすと、関東に権力の空白が生じます。同年七月十三日、秀吉は小田原城に入り、家康の関東転封を発表します。さすがに家康は六月ごろから聞かされていたようですが、七月十八日には江戸城入りしています。

私はここに秀吉の強さと弱さをみるのです。

まず強さからいえば、家康を代々の本拠地からあっさりと引き剝がしたことです。三河岡崎の領主の家に生まれたものの、少年期にはその岡崎を今川に占領され、自らも駿府で人質となっていた家康が、家臣ともども文字通り命がけで取り戻したのが三河の領地です。その間、織田信長に頭を下げ、精強な武田軍に対峙させられて、ようやく遠江、駿河、さらには甲斐、信濃まで広げていった領国を、秀吉はひょいと取り上げて、北条氏の旧領への転封を命じたのです。

小牧・長久手の戦いでも秀吉に負けなかった家康は、臣従を誓っているとはいえ、この時点で、秀吉最大のライバルだったといえるでしょう。その家康に父祖の地からの転封を否応なく呑ませるだけの権力を秀吉は持っていたわけです（まあ、家康が少年時代を過ごした、室町幕府の有力守護だった今川氏の首府、駿府は、岡崎とは比べ物にならないほど京の香り漂う都会でしたから、実はシティボーイの家康は三河にはそれほど思い入れはなかった、という説もありますが）。

しかし、一方で、このとき秀吉が家康に与えたのはなんと約二百五十万石。秀吉自身の直轄地が二百二十万石くらいですから、サービスしすぎという感じもします。秀吉の死後、周りの大名の多くが「明らかに家臣のなかで実力ナンバー1は家康様だよな。秀吉様もそう認めていたのだろうな」と思うほどの処遇です。

もっとも秀吉からすれば、三河、遠江、駿河に根を張る家康よりも、畿内－瀬戸内海－博多という大動脈から遠く離れた東国に押し込めた方が扱いやすいと思ったのかもしれません。

「気前の良さ」で大名統制

さらにいえば、「気前の良さ」は、秀吉の大名統制における武器のひとつでもありました。

秀吉は強力な織田軍団を率いましたが、他の戦国大名、たとえば信玄や家康のように代々の家臣や頼りになる親族グループというものはありません。二〇二六年の大河ドラマの主人公となる弟の豊臣秀長は信頼のおける補佐役だったでしょうが、役に立ったのは彼だけです。

そこで秀吉は人材獲得や人気取りに非常に熱心でした。有名なのは家康の重臣だった石川数正を誘って自らの家臣にしたことでしょう。家康の家臣ナンバー1はあの信長も称賛したという「できる男」酒井忠次です。酒井は東三河の武士たちを束ね、信長との外交も担当していました。西三河を束ね、岡崎城代もつとめていた石川は家臣ナンバー2です。その石川を引き抜いたのですが、実は秀吉は他の大名の家臣でも、これはと思うと「うちに来ないか」と、どんどん声をかけていました。一番有名な例は、上杉家の重臣だった直江兼続でしょう。これまた大河ドラマ（『天地人』）の主人公で、関ケ原の合戦の前に、徳川家康と激しくやり合ったことでも知られる人物ですが、彼にもスカウトを試みて断られています。

これはひとつには人たらしである秀吉のテクニックで、天下人に「俺の家来にならないか」と言われて、いやな気になる人はそんなにいません。また、「お前の家来にいいのがいるな」と言われた大名も悪い気はしない（警戒はするでしょうが）。さらには他家の重臣というのは当然、重要機密も知っているわけで、情報目当てだったという可能性も大でしょう。

そしてもうひとつは、やはり自分の子飼いがいま一つ駒不足だという不安もあったのではないでしょうか。

秀吉の家臣をみると、織田配下だった頃からの盟友であった前田利家の八十三万石は別格として（前田は正確には同僚ですし）、加藤清正や福島正則が約二十万石、政権の中枢にいた石田三成が約十九万石、増田長盛が約二十万石と、最も重きを置いている者でも二十万石どまりです。これは石高を秀吉の評価だとすれば、自分の死後、豊臣家を託せるほどの家臣は育っていない、ということかもしれません。少なくとも家康に対抗できる人材は、豊臣家中にはいなかった。秀吉の死後に、家康の対抗馬となったのは前田利家ですが、秀吉と利家は二歳しか違わず（家康は秀吉よりも六歳下でした）、実際、秀吉の死から一年も経たずに他界してしまいます。

しかし、秀吉の凄いところは、降伏した毛利、長宗我部、島津、そして徳川家康といった大名たちを抱き込み、家臣として仕えさせたことです。彼らは秀吉の大規模な軍事作戦にも、自軍を率いて参戦しています。秀吉はそうした大名連合軍を組織することで、島津攻め、北条攻めにはそれぞれ二十万、朝鮮出兵には十五万といった、戦国時代の基準でもさらに桁がひとつ違う大軍を動かすことを可能にしました。自分の味方になってくれるのであれば、何も潰すことはない。自分には彼らを手なずける力がある——そうした自信が秀吉からは感じられます。

秀吉の希薄な「家」意識

しかし、それも秀吉が生きていれば、のこと。秀吉の後継問題は、やっと生まれた嫡男、鶴松が病死してしまったり、後継者として関白にも就けた豊臣秀次を切腹に追い込み、その一族を根絶やしにしてしまったりとダッチロールを繰り返します。その結果、淀殿の産んだ秀頼が家督を継ぎますが、秀吉が死んだとき、まだ秀頼は六歳。これでは、せっかく統一した天下を運営できるはずもありません。

最も不可解なのは、秀次の処遇でしょう。「豊臣家」の存続を考えれば、秀次を死なせてしまったのは、いかにも失策です。秀吉が秀次を追いつめたのは、秀頼が生まれたからですが、秀次が自刃したとき、秀頼はまだ数えで三歳でした。兄の鶴松が三歳で亡くなったことを考えれば、秀頼もまた夭折する可能性はあった。秀頼が長じて豊臣政権の後継ぎになった際も、秀次らが健在ならば、後ろ盾となって秀頼を支えたかもしれません。

さらにいえば、秀頼が果たして秀吉の実子だったかどうかも、秀吉が子どもを授かりにくい体質であったであろうことや、当時の秀吉の年齢から考えると、状況的にはかなり疑わしい。前回出てきたルイス・フロイスの記録にも、秀吉には子種がないのではないか、という噂があったと記されていますから、当時の人たちも疑問に思っていたようです。だとすると、ますます秀吉がなぜ秀次を殺し、家の継承を不安定にしたのかが分からなくなります。

そこで私が感じるのは、秀吉には「家」という意識が希薄だ、ということです。

たとえば岡崎城主の息子として生まれた家康は、桶狭間の戦いで今川義元が戦死したことを知り、今川と決別して岡崎に戻ることを決断しますが、岡崎城には入らずに、先祖代々の墓がある大樹寺に行きます。このとき家康は、敵が攻めてきたら、先祖たちの墓の前で腹を切る覚悟を決めていたといいます。生まれたときから父の家臣に頭を下げられて育ってきた家康は、いざというとき「力が足りず、家を守れませんでした」と先祖に詫びなくてはという気持ち、つまりは「家」に対する意識を強烈に持っていたといえるでしょう。

ところが、秀吉には、大事にしなければならない「家」など、はじめからありません。家を守り、家を残さなければ、という発想そのものが、秀吉にはなかったのではないか。

フロイスは次のような興味深いエピソードを書き残しています。秀吉が天下人となった後に、「私は秀吉様の弟です」という人物が現れます。秀吉が母親である大政所に「思い当たる節はあるか」と尋ねたところ、大政所は気まずそうにその男から顔をそむけた。秀吉は「これは間違いなく自分の弟だな」と確信して、その弟を殺した。さらに、そのあとに見つけた、母が産んだとおぼしき姉妹も殺してしまった——というのです。「自身の血」を尊重しない人間に、より観念的な「自身の家」を重視する感覚があったとは考えにくい。

朝廷をどう思っていたか？

「家」へのこだわりが薄いのは、秀吉が自分でつけた姓からもうかがえます。この講義の冒頭でも触れたように、「柴田」と「丹羽」からとって「羽柴」にしたというわけですが、自分の出自やアイデンティティへのこだわりがなさすぎではないでしょうか。「豊臣」姓も、秀吉が創出したものですが、天皇にとって「一番良い家臣」だから「豊臣」というのも、あんまりです。普通、高貴な名前を偽装するときには、由緒や由来にこだわるものですが、秀吉には何の思い入れもありません。いっそ藤原だ、近衛だ、九条だと家格にこだわっている人たちを嘲笑《あざわら》っているのではないか、と思えてしまうほどです。

そもそも強引に関白にまでなっておきながら、秀吉は天皇や朝廷に、さほど興味や尊重の念を持っていなかったと私は考えています。秀吉といえば、高貴な女性に目がない男ですが、その憧れの対象はあくまでも織田家を筆頭とする名門武家の女性です。皇族や公家のお姫様にはまったく手を出そうとしていません。

前回の講義で見たように、信長は、朝廷のパトロンになりながら、官位などをもらって彼らの圏域に巻き込まれることには警戒していました。朝廷に抗争の仲裁は頼んでも、自分の権力に朝廷が介入することは許していません。信長と朝廷の応酬からは、そんな緊張関係が感じられます。

そもそも信長があくまで一職支配を貫徹しようとすると、そこには最終的には天皇も公家も「要らない」のです。私は日本史上で天皇を廃する可能性があったとすれば、やはり信長だったと思います。

それに対して、秀吉はもっと気楽に天皇や公家と交渉しているように思えます。そもそも尾張の百姓、木下藤吉郎を関白にするような朝廷に、何の権威を感じればよいのでしょうか。秀吉は、戦乱の世が続き、すっかり窮迫した貴族たちに「皆さんも大変でしょうから、二百石さしあげましょう」などと、大盤振る舞いしていれば良かった。それでも戦国大名のなかには、守護だの守護代だのといった室町幕府の権威をまだありがたがっている者も少なくありません。あの家康だって、関白の肩書の前には恐れ入ってみせるのです。利用できるものは何でも利用しよう、秀吉にはそんな姿勢を感じます。

さらに興味深いのは、朝鮮出兵の際のエピソードです。文禄の役の後、秀吉は、明と講和の交渉を行ないますが、そのとき、秀吉は講和の条件として、朝鮮の王子の訪日を要求しました。この要求は叶えられませんでしたが、その代わり、明の皇帝、万暦帝は、秀吉を日本国王に任ずるという国書を送ってくるのです。万暦帝が秀吉に送った「明王贈豊太閤冊封文」という実に立派な辞令書が残っていて、大阪歴史博物館に収蔵されています。

結局、秀吉の要求が拒絶されたことで、交渉は決裂し、慶長の役へと突き進むわけですが、私は長い間、秀吉が、この辞令書に激怒したと考えていました。いまさら中国の皇帝なんぞに認めてもらわなくても、俺はもう日本の王なのだ、ふざけるなと。しかし、先年この文書を展示していた佐賀県立名護屋城博物館の学芸員から、秀吉は非常に満足していたと聞き、考えをあらためました。たしかに、記録をたどると、どうやらその通りなのです。

日本ですでに天下人となっていた秀吉は、明の皇帝から国王に任じられることに、どのような価値を見出していたのでしょうか。あるいは義満のように、中国から承認されることで、本格的に脱朝廷を考えていたのか……。

天皇や朝廷を道具のように扱っておいて、その一方で、権威におもねるようなことも平気でする。秀吉の朝廷などへの態度を調べていると、つい「権威の耐えられない軽さ」などとつぶやきたくなります。ある意味で、秀吉は信長以上の実力主義者で、明の皇帝からの辞令書も、新しいお飾りをもらった、という程度のことだったのかもしれません。

あまりにも早すぎた「家よりも個人」

秀吉の「家」への態度がみてとれるのは、功績のあった武将の後継者への処遇です。たとえばその有能さを秀吉も高く評価していた蒲生氏郷のケースです。織田信長のもとで頭角を現し、秀吉にも重用された氏郷は、会津九十二万石を賜りました。これは北の伊達政宗、江戸の徳川家康を牽制するという重要な役割が託されていたと考えられます。しかし、氏郷が四十歳で亡くなり、当時十三歳だった息子の秀行が家督を継ぐと、秀吉は秀行の若さを問題にします。「東北地方の統治をするうえで重要な地である会津を、子どもに任せるわけにはいかない」として、九十二万石のうちなんと九十万石を取り上げ、二万石の大名にしてしまおうとするのです。

これはさすがに、石田三成から「それをやってしまったら、ほかの大名たちも、太閤殿下にお仕えできなくなります」と必死で止められ、結局、宇都宮十八万石に落ち着きます。九十二万石がいきなり二万石になったら、蒲生家はそれまでの家臣を養うことはできません。おそらく秀吉は、余った家臣のなかから優秀な奴をピックアップすればいい、くらいに考えていたのでしょう。

織田家の重臣だった丹羽長秀も同様でした。本能寺の変後に、秀吉を支持した功労者であり、その石高は百万石相当でしたが、長秀が亡くなって、息子の長重が後を継ぐと、秀吉は十二万石に減らし、領地や家来を取り上げてしまったのです。長秀さんには本当にお世話になったけど、息子には何の恩もない、と言われれば、その通りなのですが、丹羽家の人々は驚き、怒り、呆然としたことでしょう。

いずれのケースからも、秀吉にとって重要なのは「有能な、あるいは有益な個人」だということが分かります。その個人がいなくなれば、「家」などは顧慮に値しません。十三歳の何の経験もない若造が、どうやって家康や政宗に対峙できるというのか、というわけです。

あらためて整理しますと、武士の経営体は「家」です。その「家」が世襲によって続いていくことを願って、あるいはそれを前提にして、武士たちは生きています。その「家」は土地とも結びついていました。秀吉はそれを否定しています。少なくとも尊重はしていない。だから家康をそれまでの領地と切り離して、ポーンと江戸に転封してしまうのです。信長ですら、林秀貞、佐久間信盛など、長く織田家に仕えてきた重臣を追放するまでには長い時間をかけているのに、です。

そう考えると、秀吉の朝廷に対する態度も、よく分かってきます。結局、朝廷とは、世襲という権威の集積体です。「家」の歴史を競い合い、互いに「あなたの家は実に古くからの歴史がある」「いやおたくこそ」という褒め合いで権威を吊り上げてきたわけです。それが「権門」というものでしょう。そんなゲームは、一代で天下人になった関白、豊臣秀吉には何の関係もありません。ただ、他人がそれを尊重しているのなら、利用価値があるな、と思うだけです。秀吉が問うているのは、つねに「お前にはいま何ができるのか」なのです。

さて、そうやって考えてくると、そもそもの問い、「秀吉は徳川家康をなぜ倒さなかったのか」の答えが見えてきたようです。

いま、誰に、何ができるのか。秀吉には、自分の死後、天下を運営できるのは家康以外ありえないことが明瞭に分かっていました。死の床の秀吉がせめてできるのは、秀頼をなんとか生き残らせてくれ、と家康に願うことだけだったでしょう。なぜなら、豊臣秀吉という有能な個人は天下人に値するが、わずか六歳の少年の今の能力では、（蒲生家のケースに準じるなら）せいぜい並みの大名くらいの価値しかない。そう評価するのが秀吉だからです。秀吉が家康に後事を託したとすれば、それは信長と自分が築き上げてきた「天下」という作品への執着ではなかったでしょうか。

しかし、「家」よりも「個人」という秀吉の価値観は、当時においては、あまりにもラディカルなものでした。石田三成の言う通り、「それをやったら、誰もついてこなくなる」のです。時代は次のリーダーに、だれよりも「家」を重視する男を選びます。名前も「家を康んじる」というくらいです。その時代のキーワードは「持続」です。

第七回講義　家康が求めたもの

家康こそ「普通の戦国大名」？

前回までの講義で、「戦国時代は地方の時代。本書でいう『在地』の時代。それを終わらせ、天下統一を果たしたのが信長、秀吉」であると述べました。では、それをそのまま継承したのが徳川家康なのかといえば、そうとも言えません。秀吉から家康に政権が移る過程でも、大きな転換が起きているからです。それを考えるために、家康という人物の個性と、時代――そこに生きた大名から民衆にいたるさまざまな人々――が求めたものの、両面からアプローチしていきたいと思います。

まず家康という人物です。各地方が半ば独立し互いに争っていた状況にあって、一気に集権的な全国政権を目指したカリスマ信長や、成長志向の能力主義者で、圧倒的に武力本位だった戦国大名の中で行政と経済を重視した革命児秀吉に比べると、家康にはそこまで強烈な個性は感じられません。悪く言えば凡庸、より正確に表現すると、信長・秀吉に比べると「普通の戦国大名」に近い存在だったといえるでしょう。

私は、家康が最終的な勝者となったのは、彼が信長・秀吉の起こした革新をきちんと理解できた、「時代」の流れを見通すことのできた「普通の戦国武将」だったからだと考えています。凡人だからこそできる革新がある。それが家康だと私は考えています。

たとえば軍事。家康の戦歴を一言でいえば、勝つべき戦で勝ち、負けるときは負けるべくして負ける。信長の回で論じたような斬新な軍制改革も、秀吉の行なったアイデアフルな戦術や圧倒的な大量動員も、家康には見られません。

一五七三年の三方ヶ原の戦いでは、徳川八千に信長からの援軍三千を加えた一万一千の兵で、三万の武田信玄の軍勢を追って進軍します。少数の兵で、最強ともいわれた武田軍に向かっていったことで、家康は単に慎重なだけではない、勇猛さを併せ持つ武将だった、というストーリーなのですが、私はこの見方に疑問を持っています。このとき家康は浜松城に籠城して武田軍を迎え撃とうとしたところ、武田軍が素通りしたため、面子《メンツ》にかけても出撃した、とされてきましたが、果たしてそうでしょうか？　私は、この三方ヶ原の戦い、武田信玄が巧みに仕掛けたものだと考えます。

武田信玄の側に立って考えてみましょう。前回も述べたように、城攻めに際しては、攻める側は守る側の少なくとも三倍、できれば五倍の兵力が必要だとされています。つまり、三万の軍勢といえども、浜松城に一万を超える兵がいるのですから、城攻めは容易ではない。かといって、浜松城を素通りしてしまえば、家康指揮下の一万一千の軍勢に背後から補給線を断たれるリスクがあります。もっと言えば、手薄になっている甲斐国を、家康軍に攻められてしまうかもしれません。

そこで家康を野戦に引っ張り出すために、あえて浜松城をスルーして、背中を見せたのではないか。進撃する軍にとって最も怖いのは、背後を突かれることです。だから退却において、最後尾、しんがりを務めるのは、最も精強で勇敢な武将であるあかしとされているのです。逆に言えば、兵力に劣る家康からすると、武田軍が背中を見せたことは、千載一遇の大チャンスと思えたでしょう。家康は、勝機ありと判断したから、城の外に打って出た。でも信玄は、背後を注意深く観察していた。そして、すぐに反転できるようにしていた。家康は信玄の罠にはまったのです。その結果、「数が多いほうが勝つ」という大原則のとおり、負けるべくして負けたのです。

ただし、家康軍は負けても総崩れはしません。この三方ヶ原の戦いでも討ち取られはしませんでした。彼は同盟相手であるはずの信長からいつも家来同様にこき使われ、過酷な戦闘を強いられますが、粘り強く戦い抜きます。この地味ではあるが、持続する力こそ、家康の真骨頂なのですが、これは後で詳しく論じることにします。

戦争目的を見極める

家康の戦いで光るものがあるとすれば、一五八四年、秀吉と矛を交えた小牧・長久手の戦いでしょう。織田軍団を継承した秀吉が、美濃尾張三河を掌握するために攻めてきたのを、織田信雄と組んだ家康が迎え撃つというのが、戦いの構図です。

では戦争の勝敗は何で決まるのでしょうか。これはとても重要なことなので、ロマンではなく、リアルベースでしっかり考えてください。勝敗とは陣地の取り合いでもなければ、被害の大きさでもありません。その戦争の目的が達成できたかどうかです。大軍勢を動員する秀吉はなんとか家康を屈伏させれば勝ち。守る家康からすると「負けなければ勝ち」です。

家康の防衛戦争であるこの戦いは、家康が小牧山城、秀吉が犬山城に入って守りを固め、双方が尾張平野に野戦築城を行なう塹壕戦に突入しました。長篠の戦いを思い出してください。信長軍は、武田の騎馬兵に対して、材木で馬防柵を築きました。この戦法を発展させ、野戦でも砦を築くようになります。これが野戦築城です。攻める側からするとプチ城攻めですから、相当に兵力差がないと守る側が有利になり、先に手を出した方が負けです。

余談ですが、これを大規模に展開したのが、二十世紀の第一次世界大戦でした。双方が深い塹壕を築き合い、戦線が膠着《こうちゃく》するなか、空前の死者を出す悲惨な戦いとなったのです。

さて、攻める秀吉はどうしたか。ここで注目したいのが、一五八三年、秀吉が柴田勝家に打ち勝った賤ヶ岳の戦いです。このときも両軍がともに野戦築城を行なってにらみ合う中、秀吉が琵琶湖のほとりから美濃へ動きます。それを見た柴田陣営が攻めに出たところ、美濃から一気に戻った秀吉軍に撃破されたのです。おそらく秀吉にはこの賤ヶ岳の戦いが念頭にあったのでしょう、二万人の兵を別動隊として動かし、小牧山城の家康の頭越しに三河を突く作戦に出ます。この二万の別動隊を「隠密部隊だった」とする説がありましたが、二万人の兵士が道を行くとなると、その兵列はざっと十キロにもなる。そんな「隠密」がありますか？　私は、これは家康軍をおびき出すための囮《おとり》だったと考えます。家康としてはこれを放置しては本国の三河がやられてしまいます。だから、放置はできない。家康軍の出撃で、別動隊は壊滅します。しかし、勝敗が決するのは、ここからです。囮部隊がやられることは、秀吉の想定内だからです。小牧山城から出てきた家康軍を大軍でもって叩く。それが秀吉の作戦でした。

ところが家康はあっぱれでした。二万の別動隊を打ち破った後、秀吉の予想をはるかに上回る速度で、小牧山城に戻ったのです。そして再びにらみ合いを続けます。秀吉は囮部隊というエサだけを取られたのでした。

野戦で家康を打ち負かすのは難しい。そこで秀吉は与しやすい織田信雄を屈伏させます。信雄領を攻め、伊賀と伊勢の半分を差し出させて講和を結んで、切り崩しに成功するのです。さらに家康を攻めるべく大軍を準備しますが、一五八六年、いまの中部、東海・北陸地方を大地震が襲います。この天正大地震によって、戦争どころではなくなった秀吉は、家康との宥和路線に転じ、母親の大政所を家康のもとに人質として送り、引き換えに家康を臣従させたのです。

ここで重要なのは、家康の戦争目的は「秀吉に勝つこと」ではなかったことです。すでに天下の帰趨《きすう》が決しつつあることは、家康も分かっていました。その秀吉に戦闘で負けなかったこと、秀吉の母を人質に取り、妹（旭姫）を妻に迎え、いわば対等合併に近いかたちで、秀吉政権におけるナンバー2的なポジションを得たことが、家康の「勝利」だったのです。

関ケ原での外交戦

家康が「勝つべくして勝った」戦いといえば、なんといっても関ケ原の戦いです。これは合戦というより、その前の外交戦ですでに勝利が確定していたといえるでしょう。家康は事前の工作で、西軍の総大将に担がれた毛利家の武将たちをコントロールすることに成功していました。そこで大きな貢献をしたのが黒田官兵衛の息子、長政でした。長政は、毛利元就の孫にあたり毛利家の筆頭家老だった吉川広家と関係が深かった。吉川広家から「輝元が反徳川勢についてしまった。しかし私が何とかします」と伝えられた黒田長政は、徳川四天王のうち井伊直政と本多忠勝に連絡を取り、「決戦の地では毛利軍は徳川を攻撃しない」という密約を結ぶのです。その結果、毛利輝元は大坂城から動けず、関ケ原の毛利秀元隊も南宮山を動かず、小早川秀秋は東軍に寝返りました。結局、西軍主力として戦ったのは石田三成と宇喜多秀家、小西行長、大谷吉継だけだったのです。

もっとも家康からすれば、関ケ原で西軍を破っただけでは、真の勝利とはいえません。東軍の戦争目的は、大坂城を取ることです。毛利輝元が豊臣秀頼を擁して大坂城に立てこもった状態では、豊臣系の大名たちがどう動くのか分からない。そこで再び外交戦です。関ケ原前夜にも活躍した本多と井伊が、黒田と福島正則と連携して、毛利に働きかけ、輝元を大坂城から離脱させてしまうのです。家康は、毛利の軍勢が去った大坂城に無血入城を果たし、秀頼を押さえて、天下の帰趨は決します。

家康は関ケ原の戦いの後、大名たちに論功行賞、すなわち領地の配分と安堵を行ないました。これがとても重要で、この時点で、家康は天下人として全国の大名たちと主従関係を結んだわけです。全国の大名からしたら、秀吉との主従関係を家康との主従関係に改め（させられ）たわけです。いまでも教科書などでは「一六〇三年、家康が征夷大将軍に任命され、徳川幕府ができた」とされていますが、本当は関ケ原の戦後処理の時点で、徳川政権は確立したことになります。つまり、一六〇〇年こそが徳川幕府の成立といえるでしょう。

この関ケ原の合戦に至る過程で重要なのは、家康が小さな戦争をしていないことです。たとえば加藤清正ら七人の大名が石田三成を討とうと立ち上がったとき、家康は三成の身柄を守り、政治的に失脚させるだけで事を収めました。三成の命や領地を奪うような小さな勝利は眼中になかった。家康が戦わねばならなかったのは、全国の大名たちに「家康こそが次の天下人なのだ」と認めさせ、逆らう余地を与えない「天下分け目の戦い」のみだったのです。ここでも家康の戦争目的は明快でした。

武功に厚く行政に冷たい

前回の講義で、秀吉が人材登用において、デスクワーク、すなわち事務能力、行政能力を非常に重視したと述べました。それに対して、家康の評価基準は圧倒的に槍働き、軍事重視です。これも「普通の戦国大名」に近いといえるでしょう。秀吉が異常なのです。

家康の家臣で最も重用されたのはいわゆる徳川四天王、酒井忠次、本多忠勝、榊原康政、井伊直政ですが、いずれも戦場での功績抜群とされた武将でした。井伊氏は高崎藩十二万石から後には彦根藩十八万石、榊原氏は館林藩十万石から越後高田藩十五万石に、本多氏は大多喜藩十万石から姫路藩十五万石、酒井氏は忠次の息子、家次が一時臼井藩三万七千石と冷遇されていましたが、後には庄内藩十六万石の藩主となります。興味深いのは、この四天王の家は、井伊家が名誉職として臨時に置かれる大老を務めるほかは、どこも老中を出していないことです。その代わり、江戸から見て、戦略上の要地に配置されている。

つまり、家康にとっては、あくまでも武力によって貢献することが大切であり、政治の実務を担当することはそれよりも下位の仕事だったのです。

それが歴然とあらわれているのが、行政官の石高です。

まず首府・江戸の建設に大功のあった伊奈忠次。彼は利根川の流れを変えるという大工事を担当し、後の大都市の基を築きました。

それまで利根川と荒川は、埼玉県の越谷付近で合流して、東京湾に注いでいました。そのため、江戸はたびたび氾濫に襲われる湿地帯となっていた。そこで伊奈は、利根川と荒川を分離して、利根川を鹿島灘に注ぐように付け替えたのです。この難事業は伊奈家三代にわたり、約六十年かけて成し遂げられました。こうした治水事業などのおかげで、関東の農業生産力は飛躍的に向上しました。そして江戸には、洪水に悩まされることのない水はけのよい、堅い土地が生まれました。これが江戸の発展を促したのです。

さらに伊奈は新田開発や農業指導などに尽力し、農民からも厚い支持を集めた、きわめて優秀な行政官僚だったのですが、石高はたったの一万三千石。秀吉政権なら十倍以上の評価を得たでしょう。

石見銀山、佐渡金山をはじめとする鉱山の管理開発を担当し、江戸幕府の財政を支えた大久保長安の所領も名目上はわずか八千石でした。大久保長安は、甲斐奉行、石見奉行、美濃代官、佐渡奉行、伊豆奉行などの要職に任じられ、さらには所務奉行、年寄を兼任するなど、「天下の総代官」と呼ばれましたが、彼の病死後、不正蓄財の疑いが持ち上がり、七人の息子は切腹させられます。伊奈忠次、大久保長安とともに、関東代官頭として家康直轄領の差配をすべて任されていた長谷川長綱、彦坂元正も大名にもなれぬどころか、家が断絶しています。軍功には報いるけれど、行政、経済については成果に見合った報酬を与えているとは思えません。

興味深いのは、この四人のうち、三河からの家臣だった伊奈をのぞく三人が中途採用組だったことです。大久保は武田の旧臣、長谷川と彦坂は今川の旧臣でした。甲斐の金山を有する武田家には鉱山管理の技術があり、京都との関係が深かった今川家には先進的な行政・財政能力があったのでしょう。そうした実務官僚には他家からの人材を、家ではなく個人として登用する。そして、小さな瑕《きず》を理由に禄を減らす。それが家康の人事政策だったとも考えられます。

もうひとつ、報酬という面で目立つのは、家康が非常にケチだということです。秀吉は、重要な家臣には二十万石というのがひとつのラインでしたが、家康の家臣では、十万石までいった大名は、先に挙げた四天王など数えるほどです。四天王でも榊原康政などは、関ケ原の戦いのとき、秀忠に付き従って上田の真田昌幸に足止めを食らったため、戦後はまったく加増されていません。それでも三河以来の家臣は家康についてきたのです。企業にたとえるなら、秀吉が能力給とヘッドハンティングを軸としたベンチャー、家康はナショナルブランドに成長した地方の中小企業、といったところでしょうか。

一方、関ケ原の戦いで敵方だった外様大名に対しては、折々に領地を増やすなどの対応をしています。彼らの不満が高まると、反乱を起こされてしまう可能性があったためでしょう。そのかわり、家康は外様大名には決して政治的な役割を担わせませんでした。

東北という「伸びしろ」

家康が行なった、今の日本にも大きな影響を与える大転換は、なんといっても江戸に幕府を置いたことでしょう。この決断がもたらしたものは大きく二つ。ひとつは日本に「二つの中心」ができたこと。もうひとつは東国、ことに東北の成長です。

そもそも江戸は、家康が選んだ土地ではありません。秀吉は北条氏の旧領である関東八州を家康に与えたとき、同時に、小田原ではなく江戸に拠点を置くことを命じます。秀吉に先見の明があった、ともいえますが、私には、家康を東の果てに押し込めておこうという意図があったように感じられてなりません。そもそも秀吉は、自身の直轄地が二百二十万石だったのに対して、家康には二百五十万石もの領地を与えています。なぜ、自分よりも大きな石高の土地を与えたのか。それは秀吉が、関東という土地にそれほどの価値を認めていなかったからではないか、と思うのです。石高はあっても、経済面でも交通面でも未発展な東国では、京都や大坂を押さえる自分には対抗できないだろう、というのが秀吉の本音ではなかったでしょうか。

実際、家康自身も、江戸が好きなわけではなかったようです。もし江戸が好きなら、一六〇五年に将軍職を秀忠に譲ったあとも、江戸に住み続けていたでしょう。しかし、家康はすぐに駿府に帰ってしまいます。江戸に固執した形跡はありません。ちなみに家康は生地の岡崎も選びませんでした。家康が帰ったのは、少年時代を過ごした駿府だったのです。

では、なぜ家康は江戸に幕府を築いたのでしょうか。家康は関ケ原の戦いののち、京都の伏見城を再建し、そこを拠点としていました。将軍に就任したのも伏見城です。その後もしばらくは江戸城と伏見城を行ったり来たりしていますから、そのまま伏見幕府を開いてもよかったはず。それなのに、なぜあえて江戸を選んだのか。

私は、「家康にとっての天下に、東北が入ってきたから」だと考えています。秀吉によって関東に移された家康の視界に、いまだ統一の途中にある広大な地域として、東北が入ってきた。それは秀吉が達成した「天下統一」を、さらに北へ拡張・拡充するものでした。

もちろん秀吉は、一五九〇年の奥州仕置で、伊達政宗、最上義光、相馬義胤、津軽為信、戸沢光盛、南部信直といった戦国大名たちを臣従させ、東北も版図のなかに位置付けてはいました。しかし、江戸の初めには、八戸も含めた下北半島全体という広大な領地を持つ南部藩でも十万石、津軽半島を持つ弘前藩が五万石というように、東北は生産力の乏しい、いわば未開の地だったのです。家康は、そうした東北を、日本のフルメンバーとして結びつけようとしたと考えられます。

それを端的にあらわすのが、家康が日本全土において米による徴税（石高制）を行なったことです。当時、西国には貨幣経済が十分に浸透していて、税を銭で払うことも可能でした（貫高制）。しかし、東国、特に東北地方にはまだ貨幣経済が浸透していなかったため、銭で税を払うことは難しかったのです。全国標準では一貫文が二石でしたが、東北で一番進んでいた仙台藩でも一貫文が十石と、銭貨不足により銭の価値が五倍にものぼりました。銭以外に、全国で統一的な納税の基準となるものといえば、やはり米になります。実際には、寒冷な東北地方においてて、税を米で納めることは厳しいものがありました。冷害などの不作が続くと、餓死者も出ています。それでも銭で税の支払いをするよりは、まだましでした。それで家康は米を選んだ。東北も含め、全国統一基準での徴税を実現するために、貨幣経済の浸透とは逆行する石高制への転換を行なったのです。

家康には、先に伊奈忠次の功績として述べたような、江戸を中心とした東国での治水工事や新田開発などの成功体験がありました。その経験から、東北に開発の伸びしろを見出したのでしょう。家康の狙いは当たりました。実は江戸時代、東北の生産力は飛躍的に向上したのです。江戸時代を通じて、陸奥国の米の生産量は約百六十七万石から約三百万石とおよそ倍となり、出羽国にいたっては約三十二万石から約百五十万石と五倍近く増えています。ちなみに、先に触れた南部藩、弘前藩ともに、幕末にはおよそ三十五万石にまで、生産力が向上しました（ただし内高です）。一方、江戸初期にすでに先進地域であった近江などの西国はほとんど生産量が増えていません。

家康が幕府を構えたことで、江戸は政治的中心地となるだけではなく、一大消費地としても成長していきます。それまで経済や文化の中心といえば、京都、大坂だったのが、江戸というもうひとつの中心が生まれたのです。それによって、経済・交通の大動脈も、博多と京都を結ぶ瀬戸内海から、大坂と江戸をつなぐ東海道へと重心が移っていく。

もっとも経済や文化については、なかなか上方の優位は動きませんでしたが、東北の開発を視野に入れつつ、幕府としての権力を盤石にしていくには、朝廷や寺社といった既存の権力が完全には整理しきれていない畿内よりは、自分が領国として完全に整えた東国のほうが都合がよかったのでしょう。

東国の成長による「天下の拡充」。それが家康の成し遂げた大きな成果だったといえるでしょう。

岡本大八事件の謎

日本列島統一の先に見えてくるのは、海の外との向き合い方です。家康は外国に対して、どのような態度をとっていたでしょうか。

まずいえるのは、家康は海外との貿易にかなり積極的だったことです。一六〇〇年にリーフデ号で日本に漂着したイングランド人のウィリアム・アダムズ（三浦按針）やオランダ人のヤン・ヨーステン（耶揚子）を外交顧問とし、一六〇四年からは、直轄領としていた三浦半島の浦賀にスペイン船が入港するようになりました。同じく一六〇四年から朱印船を制度化し、東南アジア諸国――安南（ベトナム）、スペイン領マニラ、カンボジア、シャム（タイ）、パタニ（マレー半島東海岸）――などとも行き来を行なっていました。一六〇九年には長崎の平戸にオランダの商館を設置し、一六一三年にはイギリスとも通商を開始しています。

海外、ことにヨーロッパ諸国との交易のなかで浮上してきたのが、キリスト教の問題でした。秀吉が定めた伴天連追放令を引き継いで、貿易の相手国に対しては、宣教師を入国させないように求めてはいたものの、キリスト教の信者は着実に増え、一六一三年には北海道にまで教線が延びていました。信者数は三十七万人にも上っていたという推計があります。

そんな折、一六一二年に起きたのが岡本大八事件です。教科書に載ってはいなかったと思いますが、なかなか興味深く、かつ謎の多い事件なので、紹介しましょう。

岡本大八は、家康の一番の側近である本多正純の家臣で、正純の前には長崎奉行・長谷川藤広に仕えていました。一六〇九年、肥前日野江藩（のちの島原藩）藩主の有馬晴信が長崎港でマードレ・デ・デウス号を沈めるという事件が起こります。この前年、晴信が派遣した朱印船がマカオでトラブルを起こし、ポルトガル人の現地司令官が鎮圧、日本側に多数の死傷者を出しており、晴信は、長崎奉行の長谷川藤広と組んで、その報復を行なったのです。幕府は、事件の責任はポルトガル人の現地司令官にあるとして晴信を賞しました。そこで晴信はポルトガル船を攻撃した功績として、鍋島氏の所領となっている旧領を取り戻したいと願い出ます。そこに登場したのが岡本大八でした。大八は主君である本多正純に口利きをする見返りに、晴信に賄賂を求めます。その事実が露見し、大八は獄へ。するとと大八は獄中で、晴信が長崎奉行を殺害する計画を立てていたと告発するのです。結局、大八は火刑、有馬晴信も自害を言い渡されました。

実はこの有馬晴信、第六回の講義に登場した、長崎をイエズス会に寄進し、秀吉の激怒を買った大村純忠の甥にあたり、晴信自身もキリシタンでした。さらに岡本大八もキリシタンであることが判明、大八は家康の近辺にもキリシタンが潜伏していると「自白」します。

事態を重く見た幕府は直轄地である江戸、京都、駿府に禁教令を発布。これを契機に、幕府はキリスト教を厳しく取り締まる方向へと舵を切ってゆきます。

ただ、この岡本大八事件、どうにも妙なところがあるのです。第一に、大八の主君である本多正純がまったくお咎めなし。それどころか、その後、秀忠側近として老中となり、宇都宮十五万石にまで取り立てられていきます。本来なら取り潰しとなるはずの有馬家も、晴信の息子の直純は、日向国延岡藩（宮崎県延岡）に転封こそされたものの、石高は減らされていません。

そこで私は考えました。この事件には何か裏がある。金地院崇伝《こんちいんすうでん》による「伴天連追放之文」が日本中に布告され、慶長の禁教令が敷かれるのは、一六一四年の二月のことです。この禁教令によって、教会が破壊され、布教も禁止されただけでなく、家内にキリスト教徒がいないかという捜査も行なわれました。さらに九月には、修道士や主だったキリシタンをマカオやマニラに追放します。高山右近もその一人でした。そしてこの年の十月、家康は大坂冬の陣に出陣しています。

このキリスト教弾圧は、豊臣家との戦いの下準備のひとつだったのではないでしょうか。というのも、この大坂の陣が始まる前から、徳川方も豊臣方も、戦争準備のために海外勢力との接触を活発に行なっていたからです。幕府はイギリスやオランダから、大砲や焔硝、鉛といった軍事物資を調達していました。実際、イギリス、オランダから購入した大砲は大坂城攻略に使用されています。一方、豊臣方として大坂城に籠城した中には、多数のキリシタン、神父が含まれていました。豊臣方が勝利したら、日本での布教を認めるとして、キリシタンを抱き込もうとしていたのです。

岡本大八事件を利用して、幕府はキリスト教徒のあぶり出しと、豊臣方に味方するスペイン、ポルトガル勢力の放逐を行なおうとしたのではないか。それが私の仮説です。

いずれにしても家康自身は海外貿易に積極的でした。しかし、外国と付き合うということは、国内統治に対する影響を常に懸念しなければなりません。一向宗のように、キリスト教が民衆層に浸透する危険性もあります。全国統一を成し遂げた徳川政権にとって、海外への対応は、「日本全体をいかに統治するか」という問題と連動したものとなっていくのです。

「家の永続」という価値

家康が、たとえば秀吉と比べて「普通の戦国大名」だったといえるのは、「家」に対する考え方です。秀吉が徹底的に「家」を軽視していたとすると、家康は徹底的に「家」を重視した、「家」の持続性、もっといえば永続性を追求したといえるでしょう。前回の講義でも述べましたが、もともと日本においては世襲によって継承される「家」が経営の単位であり、その持続と繁栄こそが何よりも大事なものでした。

しかし、家康は、この「家」の持続性を、ある意味では、過激なまでに徹底させました。それをよくあらわしているのが、息子である秀忠の後継をめぐるエピソードでしょう。後に三代将軍となる家光は、秀忠の次男として生まれますが、長男がすでに亡くなっていたために、家康の幼名の竹千代を名乗り、世子（跡継ぎ）として育てられました。そこに弟の国松が生まれます。父の秀忠らは病弱だった竹千代よりも利発な国松を愛し、次期将軍をめぐって竹千代派と国松派に分かれる騒ぎとなりました。そこで大御所家康が儒教の考え方を採り入れて、「将軍の世子は年長の男子」との裁定を下したのです。有能な家臣が将軍を支えるのであれば、将軍は誰でも良い。「能力よりも長幼の順」とした。

実はこれは戦国武将としては異例の決断といえます。たえず生存競争にさらされていた戦国武将にとって、能力の低い跡継ぎでは生き残ることが難しい。もっといえば、リーダーの決断によって生死を左右される家臣たちが納得しません。だから、戦国武将の家では代替わりをめぐる争いが頻発しました。次期当主に誰を担ぐかで、家臣団の分裂も起こります。逆に家臣間での主導権争いが、跡目争いに発展するケースも多発します。これは実力主義的世襲制が必然的に抱える不安定性といえるでしょう。特に武力集団である武士において、実力主義とは、最後には殺し合いで生き残れるかどうかになります。

家康は、その不安定性を排除しました。「家」をシステムだと捉え、その目的は「持続」である、としたのです。将軍が愚かでも、家臣団、すなわちシステムがしっかりとしていれば、「家」は継続すると考えたのです。実際、徳川家十五代の将軍のなかには、幼少だったり、健康上の深刻な問題を抱えていたりするケースもありましたが、それでも二百六十余年もの間、持続していきます。皮肉なことに、その才能を高く評価されて選ばれた「実力派の将軍」徳川慶喜が、幕府を滅ぼしてしまうのです。

家康がこうした決断を下せたのは、もちろん自分が築いてきた徳川家一強体制に絶対の自信があったからでしょう。もはや徳川家に挑戦する勢力など存在しないからこそ、リーダーに実力は必要ない、と言い切ることができた。さらには海外からの影響を最小に食い止めたことも、徳川幕府の安泰を支えた要因のひとつだったと考えられます。

さらにいえば、家康が提示した「家の永続性」という価値観は、当時の人々が求めていたものだったといえるでしょう。家康が二百六十余年も続く江戸幕府を築くことができたのは、とりもなおさず、当時の人々が平和を望んだからです。平和とは何か。自分の生命、財産の安全であり、家族の安全でしょう。それを、世代を越えて延長していけば「家の永続」ということになります。家康は「普通の大名」だったからこそ、日本人の最大多数が求める「普遍的」な価値を提示することができた。だから、戦乱の時代の終わりを、単に軍事力で押さえつけるだけではなく、人々に自発的に受け入れさせることが可能だったと考えます。

しかし「能力よりも秩序」、「成長・変化よりも持続・安定」は、また別のかたちでの歪みを生んでいきます。それについては次回の講義で述べたいと思います。

前田利家が金沢幕府を開いていたら?

最後に、ちょっとした頭の体操を。歴史のIF《イフ》を考えてみましょう。歴史研究者のなかには、「歴史は確定した過去だけを対象にするもので、IFなど考えるのは無意味だ」という人もいますが、私はまったくそうは思いません。歴史は再現不可能で、実証実験ができないからこそ、思考実験が重要なのです。

徳川家康が天下を取れた要因のひとつとして、彼が七十五歳という、当時としてはかなりの長寿だったことを欠かすことはできないでしょう。信長は四十九歳、上杉謙信も四十九歳、武田信玄が五十三歳で亡くなっていますが、彼らは決して「早死に」とはいえません。六十一歳で亡くなった秀吉だって、当時としては長く生きたほうなのです。

もし、家康が五十歳で亡くなっていたら、どうなっていたでしょうか。家康は一五四三年生まれですから、一五九三年には他界していたことになります。秀吉が亡くなるのが一五九八年。秀吉の死の五年前に、関東を任せていた家康が亡くなるとすると、一五七九年生まれの秀忠はまだ十五歳ですから、秀吉のそれまでのやり方から考えて、まず徳川家から関東の領地を取り上げるでしょう。代わりの領地を与えるとしても、二百五十万石からの劇的な知行ダウンは避けられません。井伊直政、本多忠勝、榊原康政といった徳川の家臣団も、秀吉の直臣となるようスカウト攻勢に遭うこと必至です。戦国時代の武士は、江戸時代のように主君への忠義という持続性が絶対的な価値ではなく、自分の働きを十分に評価してくれない主人であればさっさと見限る合理性も持っていました。当時は井伊直政が十二万石、本多忠勝と榊原康政がそれぞれ十万石程度でしたから、気前のいい秀吉ならもっといい条件を提示したかもしれません（もっとも実際にスカウトされた石川数正は十万石どまりでしたが)。

朝鮮出兵も、一五九二年から一五九三年までの文禄の役は起きたとしても、一五九七年からの慶長の役は起きなかったかもしれません。関東八州の領地を配分することができるからです。これは豊臣政権の延命にかなり貢献したと思われます。

そうなると、徳川家による江戸幕府は、そもそも存在しなかった可能性が高い。大坂の豊臣家が存続した可能性もあれば、豊臣政権の別の有力者が、ほかの勢力を制して、天下を取った可能性もある。たとえば金沢を本拠地とした前田利家が「金沢幕府」を築いたかもしれません(一五九三年時点では、利家は五十六歳。死ぬまでにまだ六年あります)。

仮に金沢に幕府ができていたとすると、どうなったでしょうか。現在の日本では東海道新幹線が大動脈となっていることからも分かるように、近代以降の日本は、太平洋側を中心に発展しました。これは、家康が大名をそのように配置したためです。江戸と駿河を拠点とし、尾張に九男の義直を、京都所司代と大坂城代に娘婿である奥平信昌とその息子である松平忠明、姫路に娘婿の池田輝政(池田氏はのちに岡山に移封)、広島に娘の嫁ぎ先である浅野家を置くなどして、親戚で固めたのです。

金沢幕府が誕生していたら、京都から大津を経て琵琶湖を渡る湖上ルートがクローズアップされていたことは間違いありません。また江戸幕府においても重要な交易路だった、北前船などの日本海の海運もさらに重視されていたはずです。日本海側が日本の大動脈になっていたら、もしかすると早くからロシアとの関係が深まっていた可能性もあります。

このように、家康が五十歳で亡くなっていたら、日本は今の姿とはまったく違っていたでしょう。もっと後年でも、たとえば関ケ原の合戦の直前に、家康が命を落としていたら、東北では伊達と上杉がぶつかり合い、九州では黒田と島津が激突するなど、戦乱の世が再開していた可能性もあります。

学ぶ人家康

もっとも家康は漫然と長生きしたわけでもありません。忘れてはならないのが、家康は、生涯を通じて学び続けた人物だったということです。

そもそも家康は武将として、今川義元にはじまり、織田信長、武田信玄、そして豊臣秀吉と、当時の最強武将たちから手荒い実地訓練を受け続けました。それが家康のサバイバル能力の基礎となったことは間違いありません。統治者としても、時に反面教師としながらも、信長、秀吉に学ぶものが少なくなかったでしょう。

家康は、学者や学僧、外国人など、実にさまざまな有識者から講義を受けたり話を聞いたりしていました。僧侶である天海や金地院崇伝、儒学者の藤原惺窩《せいか》（先に述べた『貞観政要』についても講義をさせています）、ヨーロッパ人のヤン・ヨーステンやウィリアム・アダムズらは、家康のブレーンとしてよく知られています。

また、武士政権の始祖として源頼朝を尊敬していた家康は、六代将軍までの鎌倉幕府の事績を記録した『吾妻鏡』を、豊臣政権の大名だった時期から収集していました。全国に使者を派遣して集めた『吾妻鏡』の写本を継ぎ合わせて編纂させたのです。また自ら薬の調合を行なうほどの健康オタクでもありました。家康が使った薬研《やげん》がいまも遺されています。

このように「学ぶ人」家康は、まさに歴史から学ぶことで、戦いに勝つとはどういうことかを見極め、世の人が求めているものを見定めてきたといえます。そうして実現した「平和」と「持続」は、なんと二百六十年以上にも及んだのです。

最終講義　江戸から近代へ

江戸前期は高度成長の時代

今回はいよいよ最終講義です。戦乱の世が終わり、到来した平和と持続の世がどのような推移を辿ったのか、そしていかにして「江戸システム」は崩壊したのかを見ていきたいと思います。

しかし、江戸時代とひとまとめで語るのは、やはり長すぎる。関ケ原の戦いから一八六八年の王政復古、廃藩置県が行なわれた一八七一年まで数えると二百七十年、一八五三年のペリー来航まで二百五十年です。今年が二〇二五年ですから、二百五十年前は安永四年、十代将軍徳川家治の時代になります。

そこでまずは江戸前期の百年、一七〇〇年ごろまでに起きた大きな変化から見ていきましょう。それは人口爆発です。

日本の人口を推計すると、六〇〇年ごろ、聖徳太子（厩戸王）の時代には約六百万人とされています。「六〇〇年に六百万人」、非常に覚えやすいですね。これが一六〇〇年の関ケ原の戦いのときには約千二百万人になっていました。千年かけてやっと倍になったわけです。その千二百万人が、一六〇〇年から一七〇〇年の百年で、なんと約二千五百万人に増えました。まさに「人口爆発」が起きたのです。

この驚異的な人口増加の要因のひとつは、平和な世の到来にあったといえます。戦乱の世においては、戦闘による直接の被害もさることながら、戦乱による耕作地の荒廃や交通環境の悪化なども加わって、飢餓や病気でも、多くの人が亡くなりました。それが江戸時代になり、大きな戦争はなくなり、武士だけでなく、一般庶民の生活も脅かされなくなります。

さらに、治安も格段に良くなりました。徳川幕府を頂点とした統治システムが機能するようになると、罪を犯した者が捕らえられ、処分されるようになります。こう述べると、「そんなの、当たり前じゃないか」と思われるかもしれません。しかし、警察、裁判、加罰がきちんと行なわれるには、相当に整備され、かつ実効力を持つ行政システムが必要なのです。

江戸幕府の治安維持能力のあらわれのひとつが、刑場の整備です。十七世紀半ばには、歴史小説などでもしばしば登場する鈴ヶ森（東京都品川区）、小塚原《こづかっぱら》（東京都荒川区）に刑場が設けられ、多くの罪人が処刑されました。これも時代劇などで処刑のシーンを見ると、

「お上は無慈悲で残酷だなあ」といった感想が湧いてきますが、当時の人々からすると、「悪いことをしたら捕まる」という秩序への意識と安心感につながるものでもあったのです。

そして、なにより人口爆発をもたらしたものは、生産力の飛躍的な向上でした。前回、東北地方の発展について述べましたが、全国でみても、関ケ原の戦いの頃には、日本全国で約千八百五十万石だった石高が、一七〇〇年頃にはおよそ二千六百万石と、七百五十万石も増加しています。東北以外でも、北陸の越中国（富山県）は約四十万石から八十万石と倍増、広大な越後国（新潟県）では四十万石が百十五万石と三倍近くになっている。江戸時代は、新田開発、水利の整備、肥料の発展、農具の改良をはじめとする農業技術の発達など、「農の成長」の時代でもあったのです。このように、江戸前期は人口も生産量も向上した「高度成長の時代」だったといえます。

西を追いかける東

これを地域でみると、どうなるでしょうか。東国の人口、生産力がアップしたのは事実ですが、経済、文化となると、話は別です。江戸時代に入っても、京都や大坂といった西国が経済や文化をリードする「西高東低」の状況は続いていました。

京都や大坂が先進地域であったことは、「くだらない」という言葉によくあらわれています。江戸では、先進的なもの、クオリティの高いものは上方からやってくるという考え方があり、酒も池田や灘といった上方の酒造地でつくられ、江戸へ下ってきたものが高級品とされていました。一方で、上方のものではない、つまり「下らない」品はクオリティが劣るとされたのです。近現代の日本で海外製品が「舶来品」「海外ブランド」として珍重されたのと同じです（このたとえ、もう古いでしょうか？）。ちなみに、幕府は、なんとか江戸近郊でもよい酒を造れないかと考え、千葉県の野田で醬油造りと酒造りを試みました。このうち醬油造りは成功し、食品メーカーのキッコーマンのような企業の前身となります。

文化においても、たとえば、一七〇〇年前後の元禄文化は明らかに上方発です。文学、芸能では『世間胸算用』の井原西鶴や『曾根崎心中』の近松門左衛門、少し後になりますが『菅原伝授手習鑑』『仮名手本忠臣蔵』の竹田出雲、絵画や工芸では、いまでいうマルチデザイナーの尾形光琳、乾山《けんざん》兄弟、書でも知られた本阿弥光悦、陶芸の野々村仁清も京都の出身でした。江戸で目立つのは、俳諧の松尾芭蕉くらいでしょうか。もっとも芭蕉も、もとは伊賀の出身で、京都の国学者北村季吟に俳諧を学んでいました。

江戸が本格的な文化の発信地となるまでには、元禄期からさらに百年、十九世紀の初めまで待たなければなりません。文化文政年間の化政文化では、江戸の文化人たちが大いに活躍します。山東京伝や恋川春町、朋誠堂喜三二《ほうせいどうきさんじ》、滝沢馬琴、十返舎一九らによる戯作、太田南畝や朱楽菅江《あけらかんこう》たちの狂歌、喜多川歌麿や東洲斎写楽、葛飾北斎、歌川広重らによる浮世絵に、江戸の庶民は夢中になりました。これら江戸発の文化ムーブメントの仕掛け人が、二〇二五年のNHK大河ドラマ『べらぼう』の主人公、蔦屋重三郎だったのです。一方、西でも、絵画では円山応挙や伊藤若冲、曾我蕭白《しょうはく》、長沢芦雪《ろせつ》、池大雅といったビッグネームがずらりと並び、文学でも『雨月物語』の上田秋成、俳諧の与謝蕪村が活躍しています。

元禄文化にせよ、化政文化にせよ、この時代における最大の享受者は町民だといえます。それまでの代表的な日本文化、たとえば平安期の女流文学や勅撰和歌集、室町期の北山文化、東山文化などにおいては、その享受者は権力者周辺に限られていました。江戸時代に至って、歌舞伎、浮世絵、戯作、俳諧など、一般庶民も楽しめる文化が広まっていきます。

それは商品経済の発展を背景にした「消費者」としての庶民のパワーのあらわれでもありました。今回の連続講義に通底するテーマ「在地の自立」、「貨幣経済の浸透」は、文化の領域にも及んだのです。

先を見通せるようになった

人口増加の要因のひとつとして挙げた「平和な世の実現」は、社会のありかたも大きく変えました。戦乱の世が終わったことによって、人々は、今日、明日をどう生きるかだけではなく、五年後、十年後の自分や家族を想像できるようになったのです。

将来を見通すことができるようになったとき、人はどうするか。江戸期の人々は勉強をはじめました。文字を覚え、算盤を習うようになったのです。もちろん、その背景には、貨幣経済の発展があり、さらにいえば秀吉が始めた太閤検地など、自分たちの土地を数字で測り、文書に記録するという管理システムの浸透もあったと考えられます。幕末では、武士の識字率はほぼ一〇〇%と見られていますが、庶民を含めても二〇%を超えていたという試算があります。たとえば一八一一年、国後島で松前藩に捕縛されたロシアの艦長ゴローニンは、牢の番人が書物を読むことに驚いたと書き残しています。

さらに大きいのは、一般庶民にも「家」、ことに長子が家を継承する「直系家族」の概念が広がっていったことです。それを象徴的にあらわしているのが、家族墓です。史料編纂所の仕事で、古文書を保有している寺院などに調査に行く機会がありますが、そのときに目にするのが古いお墓です。よくよく見ると、「〇〇家」と墓石に彫られた家族墓が登場するのは、元禄期以降なのです。歴史考古学の研究者によると、戦国時代までは夫婦は別の姓を名乗り、夫の墓の隣に妻の墓をつくる「夫婦墓」だった。それが、女性が夫の家に嫁いでその姓を名乗り、ともに家族墓に入るように変わっていったということになります。

近年、「家族」に対する考え方も大きな転換期を迎えているようです。「墓じまい」などが話題となっているのも、そのあらわれでしょう。この講義の流れでいえば、私たちが「古くからの家族やお墓のあり方」と考えているものは、三百年ほど前に始まった慣習であること、また平和な世になって、自分たちの将来が見通せるようになってはじめて、自分の過去と未来を示唆する「家」が強く意識されるようになったことは、覚えておいてよいことだと思います。

なぜ江戸後期は停滞したのか？

ここまで江戸前期の高度成長を紹介し、それは「平和」がもたらしたものでもある、と論じてきました。

ところが「徳川による平和」パックス・トクガワーナには、もうひとつの副産物もありました。それは「停滞」です。

一七〇〇年に二千五百万人に増えた日本の人口は、明治のはじめ、一八七〇年の調査ではおよそ三千万〜三千四百万人となっています。百七十年間で五百万〜九百万人の増加ですから、一七〇〇年までの百年間に千三百万人増えていたのと比べると、明らかに伸び率が下がっているのが分かります。また石高も、一八七二年に約三千二百万石と、およそ百七十年間で六百万石増。江戸前期には年に七万五千石増えていたのが、年に三万五千石の増加と、成長が鈍化しているのです。

これには、開発可能な土地はすでに開墾し尽くしたこともあるでしょうし、度重なる自然災害の影響も無視できません。今回の講義で特に注目したいのは、支配階層である武士のあり方の変化です。

信長、秀吉の時代、兵農分離と並行して、武士の城下町への集住と常備軍化が起きたとして、これを「武士のサラリーマン化」と呼びました。それまで、地元の在地領主だった家臣たちは、自分のもともとの領地から切り離され、信長や秀吉ら一元的な君主によって、いつでも配置転換できる、いわゆる「鉢植え型」になっていきます。

在地領主は小なりといえども「オーナー」です。それに対して、リーダーの命令一下、いつでも「転勤」、「人事異動」しなければならない武士は「サラリーマン」です。江戸時代においては、上は大名から下は下級武士まで、このサラリーマン化が進行していきました。

大名のなかでも、江戸時代においては、特に以前から徳川家の家臣だった譜代大名は、まさに「人事異動に次ぐ人事異動」でした。また領地転換と幕閣としてのキャリアも結びついていましたから、出世したい大名は異動を断れません。

それに対し、島津氏に代表される外様大名は、代々の領地をそのまま知行するケースも少なくなく、オーナー的性質を多分に残していました。

オーナー大名とサラリーマン大名

オーナー大名とサラリーマン大名の違いは何でしょうか。それは「領地への投資」です。たとえばオーナー的大名であれば、初期投資が赤字となるのを覚悟して、数十年単位で治水事業を行なったり、特産品を開発したりといった試みが可能です。そういった投資ができるのは、領地がかわらないことが前提だからです。それに対し、常に異動を意識させられる譜代大名などでは、思い切った投資はできません。新規事業をやりかけても、領地を替えられてしまうからです。

また、投資したくてもその元手もない、というのが、多くの大名の実態でした。というのは、江戸時代においては、ほとんどの藩が構造的な赤字だったからです。理由は簡単です。戦わない常備軍、すなわち武士たちを抱えているからです。信長が常備軍を編制したのは、戦乱の世を勝ち抜くためでした。常に戦争に備える必要があったからです。どこの国でも、そしてどの時代でも常備軍は金食い虫です。ましてや江戸時代のような平和な時代が続く中で、武をもって奉公することを第一義とする戦闘集団など、はっきり言って無用の長物、「働かないおじさん」の大群にほかなりません。しかも家臣たち＝従業員は基本的に世襲による完全雇用です。無役であっても給料は支払われます。

これが秀吉政権であれば、武士たちからも刀を取り上げ、算盤をもたせて、開拓可能な土地探しや土木事業、特産物の開発から海外貿易にいたるまで、知恵を絞らせ儲かるプランを提出させていたかもしれません。石田三成や増田長盛、長束正家らのような行政官僚か、デベロッパーあるいは商社マンに、武士が進化していった可能性もあります。しかし、徳川政権は、武を重んじ、行政官を評価しない家康式人事システムを採用しています。「持続」こそが価値なのです。当時の武士の人口は全体の七％程度。二百万人以上もの人々が、基本的には消費するだけの存在となっていたのです。

淘汰されないゾンビ企業

もうひとつ、藩財政が赤字となる構造的要因が石高制でした。各藩は米で年貢を集めます。これを現金化するには、大坂などの米相場で米を売るしかない。そして、米相場の変動リスクは、ほとんどの場合、藩の側が負わなければなりませんでした。なぜなら、米の相場がどんなに不利だろうと、各藩は必ず年貢として集めた米を売らなければならないのに対し、商人の側は相場が有利になるまで買い控えすることができるからです。

さらに、各藩が赤字を積み上げていった、ある意味で最大の要因は、「藩は倒産しない」ことでした。

じつは戦国大名は「倒産」もありえます。戦に負けて、国が滅んでしまうことです。「オーナー企業」である戦国大名は、国が栄えて、石高が上がり、庶民が富めば、戦にも多くの兵が動員でき、兵器も充実させて、戦争に勝つことができます。逆に、国の経営がうまくいかなければ、戦に負けて、死んでしまう。競争原理によって、弱い領主、経営に失敗した領主は淘汰されてしまうのです。だからこそ戦国大名は、「なんとかしないと死ぬぞ」、「家が潰されてしまう」という危機感のもとに、必死で国を経営します。赤字を垂れ流すことなどできないのです。

一方、江戸時代のサラリーマン大名は、赤字を垂れ流しても、それで潰れることはありません。淘汰の機能が働かないので、不採算部門があっても改善することが難しい。不祥事などで幕府の命により改易されることはありますが、これは「倒産」というより「懲戒免職」のほうが近いでしょう。たとえば島原の乱が起きた島原藩主の松倉勝家は、責任を問われて斬首されていますが、これなどはもはや藩経営の問題というレベルではありません。この松倉、父子二代にわたり、実際の石高が四万石であるにもかかわらず約十万石と過大に見積もり、凶作だろうと容赦なく領民に過重な税や労役を課しました。キリシタンに対する弾圧も酸鼻を極めたもので、その結果、島原の乱が起きた。だから切腹ではなく、斬首つまり「死刑」なのです。これは例外中の例外で、江戸二百七十年の歴史で、斬首刑となった大名は松倉勝家ただ一人でした。

話を戻すと、江戸時代の大名や武士たちが、やる気もなく、モラルも低かった、と言いたいわけではありません。大名にとって、任地の経営に失敗するというのは相当な痛手だったことでしょう。むしろ私は彼らに同情します。不要な人員をリストラできず、儲けの出ない事業構造で、かつ市場からも退場できないなんて「ゾンビ企業」そのもの、こうした藩を統治しなければならないのは、今風にいえば「無理ゲー」（クリアするのが不可能なほど難易度が高すぎるゲーム）というものです。

当時の藩の経営がいかに難しかったかという好例が、広島の浅野氏です。広島藩は、西廻り航路による大坂との海運に恵まれ、江戸時代初期から木材や鉄、紙を専売とするなど、経済政策にも積極的でした。しかも米相場においても、安いときは売り控え、高いときに売るというような巧みな取引を抜け目なく行なう手腕を発揮しています。そのやり手ぶりは、江戸時代中期の有名な儒学者で経済にも明るかった海保青陵が、「芸侯《げいこう》の商売上手」、浅野の殿様は商売上手だと評したほどでした。にもかかわらず、この広島藩でさえ赤字だったのです。

もうひとつ例を挙げましょう。上杉鷹山といえば「人民は国家に属したる人民にして我私すべき物にはこれなく候」、領地も領民も国＝公のものであり、領主といえども私物化してはならないという名言で知られる、名君の代表です。ところがこの鷹山にして、農業開発や殖産興業によって、莫大な借財を抱えた米沢藩を立て直そうとしたものの、彼の代では目に見える成果とはならず、藩の借金を返すことができたのは、なんと二代後のことだったのです。

商品経済の拡大に逆行

なぜ、藩の財政改革はなかなかうまくいかないのか。

私の考えでは、改革派とされる将軍、大名、重臣の経済政策が間違っていたからです。

具体的にいえば、彼らが行なったのは、コストカット、緊縮財政、貨幣の金銀含有量を増やす良貨政策、商業活動への取り締まり強化といった、いずれも経済規模を縮小させる政策ばかりでした。つまり、拡大発展し続ける商品経済に対し、たがをはめ、抑制することでコントロールしようとして、ことごとく失敗したのです。

一例を挙げましょう。商品経済が拡大すれば、当然、それを媒介する貨幣の量も増えなければなりません。貨幣が過少になればデフレとなり、不況になります。まさに元禄後期、徳川綱吉の時代に、幕府はこうしたデフレ危機に直面していました。

ここで貨幣の改鋳《かいちゅう》を主張したのが、勘定吟味役（のちに勘定奉行）だった荻原重秀です。荻原は、金の含有量を約三分の二に減らした元禄小判を発行しました。金の含有量を減らしてしまうと、小判そのものの価値がそれまでの慶長小判よりも低くなるため、誰もそんなものは使わなくなる――これが、それまでの幕府の考え方でした。それに対して、荻原は貨幣の価値は金の含有量ではなく、幕府が「これは一両だ」と認めることにある、と主張したのです。

これは現在、私たちが使っている貨幣を考えれば分かります。一万円札は「一万円の価値がある紙でできている」と考える人はだれもいないでしょう。日本政府が、「このお札は、どこにいっても一万円のものと交換できる」と保証しているから、一万円札は流通している。つまり、貨幣の価値を決めるのは、政府の信用なのです。この荻原の改鋳により、緩やかなインフレが起こり、元禄の好景気を呼んだとされています。

しかし、荻原の経済政策は、「将軍の威信を低下させる」とする新井白石によってただちに否定され、白石は金の含有量を家康の時代の慶長金銀の水準に戻してしまいました。これは結局、通貨量を減らすことになり、再びデフレ不況をまねくことになります。

田沼意次の挑戦

下って十代将軍家治の時代に老中を務めたのが、賄賂政治で悪名高い田沼意次でした。しかし、田沼の経済政策をみると、商品経済の拡大を認め、民間の経済活動の活発化を図ることで、幕府財政を立て直そうとしていたことが分かります。株仲間を公認し、運上金、冥加金を徴収するなど、商業に対する課税を積極的に行ない、町人たちの出資によって印旛沼・手賀沼干拓にも着手しました。しかし、こうした積極的な経済政策も、災害などで挫折を余儀なくされ、田沼は失脚していきます。

市場が通貨量の増大を求めていたことを示すのは、「藩札」の存在です。主に江戸時代も後半のことですが、各藩は紙に刷った藩札を発行するようになります。これは、小判と違って、金という貴金属の価値に基づくものではありません。藩主が転封になったりすれば、ただの紙切れになってしまうリスクがあります。にもかかわらず、藩札が使われていたということは、それだけ経済が拡大し、通貨量の増大を必要としていたのです。

多くの武士にとって、商品経済の拡大は、自分たちのコントロール不能な領域の拡大だとしか思えなかったのかもしれません。その意味では、貨幣経済の浸透に、徳政令などで対処しようとして滅びていった鎌倉幕府と重なって見える部分があります。

本当に「鎖国はなかった」のか？

近年、歴史学界では「江戸時代に〝鎖国〟はなかった」という見方が勢いを増しています。ついには「『鎖国』という言葉が教科書から消えるかもしれない」とまで言われるようになりました。

「鎖国などなかった」と最初に唱えたのは、イリノイ大学のロナルド・トビ教授です。トビ氏は、琉球や朝鮮通信使の存在を根拠に、江戸時代の日本は、中国・朝鮮といった国々と密接な関係にあり、「東アジア世界の一員だった」と主張しました。長崎の出島、琉球、松前、対馬という「四つの口」を通して海外とつながっており、決して閉じてはいなかったというのです。

「鎖国はなかった」派は、黒船来航も、長崎のオランダ商館長から提出させていた『オランダ風説書』によって、幕府の首脳は、ペリーという名までは知らないまでも、アメリカから特使が来航することをあらかじめ知っていた、つまり情報が閉ざされていなかったのだから、鎖国とはいえない、と主張しています。

しかし、だから「鎖国はなかった」、「黒船は衝撃ではなかった」といえるのでしょうか。後者の「黒船来航」から見ていきましょう。ここで重要なのは、そもそもペリー来航とはいかなる事件だったのか、という問題設定です。

黒船来航は、単にアメリカから船がやって来た、という事件ではありません。外国から船が来航する事件は、ペリー以前にも数多く起こっています。では、何が衝撃だったのか。

武装した蒸気船の艦隊がやってきて、国交を要求したこと。江戸湾深くに侵入し、空砲とはいえ、数十発の砲撃を行なったこと。それを江戸の民衆が目の当たりにしたこと。その後、幕府が対処しきれず、朝廷に伺いをたてるなどの混乱をきたしたこと。つまりは、当時の日本人の多くが、「軍事的に侵略を受ける可能性」に気づかされたことが、ペリー来航の最大のインパクトでした。

そして「このままでは、アメリカの属国になるかもしれない。もはや幕府では対処できないのではないか。この国の体制を変えないと間に合わない」という切迫した危機感が一気に募りました。この国民意識の変化こそが、時代の画期をなす大事件なのです。幕府の一部が来航を知っていたかどうか、という次元の話ではありません。

もし本当に「鎖国はなかった」というのであれば、なぜ黒船来航はあれほどのインパクトを引き起こしたのでしょうか。またペリー来航を機に、幕府、そして幕府を倒した明治政府は、欧米諸国からのさまざまな要求に対応を迫られます。条約の締結、開港問題、外国人居留の問題、為替レートの問題等々。なかでも一番深刻だったのは、「この国をどう守るか」という国防の問題でした。「鎖国はなかった」のであれば、なぜこうした厳しい外交問題に、いまさらのように直面しなければならなかったのでしょうか。

それは、黒船来航以降の欧米諸国との外交が、「四つの口」を通した付き合いとは異なるレベルの、まったく新しい事態だったからにほかなりません。

産業革命の波に乗り遅れる

私が特に重要だと考えるのは、十八世紀半ばから十九世紀、ヨーロッパで産業革命が起きていた時期に、江戸期の厳しい制限による外交政策が続けられたことです。イギリスで産業革命が始まったのは、日本でいえば、田沼時代から松平定信が寛政の改革を行なった時期にあたります。この産業革命によって、ヨーロッパとアジアの力関係は一変しました。経済的にも、軍事的にも、遠いアジアを侵略可能な国家がヨーロッパに生まれていたのです。

その波に、日本は完全に乗り遅れました。産業革命による科学技術の進歩も、それを可能にしたヨーロッパの学問も、同時代の日本には入ってきていません。だから、五十年以上、あるいはもっと遅れて十九世紀の後半に、日本は国がひっくり返るほどのショックを受けたのです。なぜ、それが起きたのかといえば、「鎖国をしていたから」と考えるほかないのではないでしょうか。

逆に言えば、この時期、日本のように鎖国的な制限的外交政策を取らなかった地域は、アフリカにせよ、アジアにせよ、植民地かそれに準じる存在として、欧米列強による交易体制の中に組み込まれていきました。その点、日本は鎖国政策を取っていたからこそ、欧米の植民地となることを免れたともいえます。

武士身分はなぜ解体されたか？

いずれにしても、江戸幕府は二百数十年もの間、外国からの安全保障上の深刻な脅威もほぼ感じることなく過ごしてきました。明治政府は、その国防上の遅れをなんとか取り戻さなくてはなりません。

外国からの侵略を念頭に、この国を守ることを考えたとき、まず問題となったのは、幕府が全国規模の統一した軍隊を持っていないことでした。幕藩体制は、藩という分権的な単位の上に、幕府という中央集権的な組織がかぶさっているような体制です。幕府は、各藩に命じて、兵を動員するのですが、十分なコントロールは出来ませんでした。そもそも薩英戦争にせよ、下関戦争にせよ、それぞれ薩摩藩、長州藩が勝手に戦っているのを止めることもできなかったのです。

さらに深刻な問題となったのは、「武士だけではこの国は守れない」ということでした。これを最も痛切に認識したのが、軍学者だった吉田松陰です。そもそも武士の数が足りないのです。高杉晋作が武士と農民、町人などの混成部隊である奇兵隊を組織したのも、こうした松陰の思想に基づくものでした。その延長として、明治政府は、国民皆兵を原則とする徴兵令を公布し、「四民平等」の名のもとに、武士身分の解体を行なったのです。

国民皆兵は、見方を変えれば、国民全体が武士になったということもできます。さらにいえば、信長、秀吉、家康が行なってきた兵農分離の流れを逆転させ、いわば兵農融合を行なったと見ることもできるでしょう。そして、明治政府の指導者たちは、再び戦国大名のように、国の生き残りをかけて、経済を発展させ、軍備を増強し、民のパワーを充実させて兵力として動員しなければならなくなりました。富国強兵です。

こうして日本は、以後、少なくとも昭和の敗戦までのおよそ八十年間、世界的な厳しい「戦国時代」に参入することになります。

では、私たちが生きているこの時代は、どんな時代なのでしょうか。それは、またお会いするまでの宿題としましょう。

あとがき

ぼくが学んだ私立武蔵中学・高校は、他人様に迷惑をかけなければ何をやっても構わない、という学校でした。良く評すれば自由、悪くすると野放図、もっと悪く言ってしまうとデタラメな校風でした。制服はない、長髪・金髪でもモヒカン（はさすがにいませんでしたが）でもオッケー、喫茶店に出入りするのもラーメン屋さんから出前を取るのも、何か問題がありますか？　という感じだったのです。

そんな武蔵にも校則というか、学則がありました。それは「自ら調べ自ら考える」です。要するに、勉強は自分でしろ、教師を頼るな、ということだとぼくたちは理解し、国語や日本史の授業などでは、先生の話はそっちのけ、まあよく寝ていました。

そんな具合でしたので、大学に入ってからも、ぼくは授業にまともに出ていませんでした。出席を取るような授業は出る価値なし、単位を取るための勉強は自分でする、大学生活は自由だあ、なんて生意気なことを宣《のたま》っていたことを良く憶えています。

いま思い返すと、これはバカげた行動でした。あの頃の駒場（東大の教養学部）には高名なA先生もB先生もいらっしゃって、授業をして下さっていた。なんで聞かなかったかな、と反省しきりです。

そういえば畏友の大津透くんには注意をされた（怒られた？）ことがあります。大津くんは中学からの同級生で、武蔵の歴史でも有数（随一とも）と謳われた秀才。なぜか才能の無駄遣いで日本史を専攻し、いま本郷で古代史の教授をしています。

なあ本郷、なぜ授業に出ない？　いいか東大の先生といえば、その道の第一人者たちだ。そんな人たちが人生を賭けて学んできた成果を、おれたち学生にタダ同然で、惜しげもなく教えてくれるんだ。聞かなければ損だろう？　単位を取るためには結局は時間をかけて自習しなければならない。授業を受けてそこで頭に入れてしまえば、その分の時間が節約できるんだぞ。……ああ、なるほど、大津とぼくの成績の差は、そんなところにも由来しているんだな、とは思ったのですが、結局授業には出なかったなあ。ああ、もったいない。

でもそれは、現在のぼくが思うことで、本郷に進学しても、根本的な態度は変わりませんでした。先生の言うことは右から左へ。自ら調べ自ら考えればいいや。それにまた、タイミングが悪かった。ぼくの担当教員は中世史の大家である石井進先生だったのですが、先輩たちには懇切丁寧な指導をされていた石井先生が、学生を相手にしなくなっていたのです。

その理由の一つは、ちょうどこのころ、石井先生は網野善彦先生たちとまったく新しい中世史を構築しようとしていたのです。大学教員の責務は、㋐自己の研究、㋑学生の教育ですが、㋐に大きく針が振れていた。

もう一つ、悲しい理由があります。ぼくが進学した何年か前のことでしょうか、学生運動で詰められて、先生は救急車で運ばれたのです。それまで学生を可愛がり、一生懸命自分の学問を伝えようとしていただけに、学生たちに何時間も取り囲まれ、罵倒された先生の絶望はいかばかりだったか。それで先生は学生たちと関わるのをやめてしまった。当時は、ぼくたちがそうしたわけではないのに理不尽だなあ、と思っていましたが、今になると無理もない、と分かります。だって教員だって、人間だもの。

そうした過去があるので、ぼくは若い研究者に自分を押しつけようとは全く思いません。優秀な彼らだから、自ら調べ、自ら考えるだろう。では、先に学んだ者としてぼくができることはなにか。それは「野狐禅《やこぜん》を糺《ただ》す」ことくらいかな、と思っています。

野狐禅、という言葉が禅宗にあります。若い僧侶が一生懸命修行し、思索を深めようとする。でも時としてそれは、独りよがりな、本筋を外れたものになってしまうことがある。この「筋の悪い」思索、宗教的な態度が野狐禅です。そこで師匠のなすべき教導ですが、弟子がその領域に入り込んだとき、「ちょっとそれは悪手だよ、戻っておいで」と注意することになります。手取り足取り指導する必要はない。努力する弟子に一言、警告を発する。それが師たるべき者の務めだと。

そんなことを考えながら、ぼくは東大生に日本史を教えていました。彼らは優秀だから、自由に考えさせれば良い。枠に嵌《は》める必要はないのです。でも、どうしても、道を誤ることがある。その時にポン、と肩を叩いて注意する。考える力が無い子ほど、「自分の考え」に凝り固まって、性質《たち》の悪い思考の迷宮から抜け出せなくなる。でもよくしたもので、教養の学生たちは、思考力に富んでいるので、一言注意する、それで十分なのです。

というわけで、東大のライブ授業出張版、楽しんでいただけたでしょうか。石井先生から直《じか》に学んだ数少ない一つ、それは「ホラを吹きなさい」ということでした。物事を大きく捉える。自由に発想する。その修練だと思えば、日本史という学問も、まだまだ捨てたものではない、とぼくは思っています。存分に、自由に考え、楽しんで下さい。

本郷和人

編集協力　日笠由紀

本郷和人（ほんごう かずと）

1960年、東京都生まれ。東京大学史料編纂所教授。東京大学文学部卒、同大学大学院人文科学研究科博士課程単位取得退学。鎌倉時代を中心とした日本中世史が専門。著書に『日本史のツボ』『北条氏の時代』『承久の乱』『日本史を疑え』『黒幕の日本史』『中世朝廷訴訟の研究』『新・中世王権論』など多数。

文春新書

1483

東大生《とうだいせい》に教《おし》える日本史《にほんし》

2025年2月20日　第1刷発行
2025年7月15日　第3刷発行

著　者　本郷和人
発行者　前島篤志
発行所　株式会社　文藝春秋

〒102-8008　東京都千代田区紀尾井町3-23
電話（03）3265-1211（代表）

印刷所　理想社
付物印刷　大日本印刷
製本所　大口製本

定価はカバーに表示してあります。
万一、落丁・乱丁の場合は小社製作部宛お送り下さい。
送料小社負担でお取替え致します。

ISBN978-4-16-661483-7

◆日本の歴史

日本プラモデル六〇年史　小林 昇
仏教抹殺　鵜飼秀徳
お寺の日本地図　鵜飼秀徳
仏教の大東亜戦争　鵜飼秀徳
昭和天皇 最後の侍従日記　小林 忍＋共同通信取材班
内閣調査室秘録　志垣民郎 岸 俊光編
木戸幸一　川田 稔
武藤章　川田 稔
「京都」の誕生　桃崎有一郎
平治の乱の謎を解く　桃崎有一郎
皇国史観　片山杜秀
11人の考える日本人　片山杜秀
昭和史がわかる ブックガイド　文春新書編
遊王 徳川家斉　岡崎守恭
大名左遷　岡崎守恭
東條英機　一ノ瀬俊也
信長 空白の百三十日　木下昌輝
感染症の日本史　磯田道史

徳川家康 弱者の戦略　磯田道史
磯田道史と日本史を語ろう　磯田道史
平安朝の事件簿　繁田信一
小林秀雄の政治学　中野剛志
婆娑羅大名 佐々木道誉　寺田英視
経理から見た日本陸軍　本間正人
戦前昭和の猟奇事件　小池 新
インパールの戦い　笠井亮平
東京の謎《ミステリー》　門井慶喜
歴史・時代小説教室　安部龍太郎 門井慶喜 畠中 恵
お茶と権力　田中仙堂
明治日本はアメリカから何を学んだのか　小川原正道
歴史人口学で見た日本〈増補版〉　速水 融
小さな家の思想　長尾重武
日中百年戦争　城山英巳
極秘資料は語る 皇室財産　奥野修司
装飾古墳の謎　河野一隆
家政婦の歴史　濱口桂一郎

大人の学参 まるわかり日本史　相澤 理
増補版 藤原道長の権力と欲望　倉本一宏
紫式部と男たち　木村朗子

◆世界の国と歴史

完全版 ローマ人への質問　塩野七生
歴史とはなにか　岡田英弘
常識の世界地図　21世紀研究会編
食の世界地図　21世紀研究会編
新・民族の世界地図　21世紀研究会編
カラー新版 地名の世界地図　21世紀研究会編
カラー新版 人名の世界地図　21世紀研究会編
フランス7つの謎　小田中直樹
一杯の紅茶の世界史　磯淵 猛
新約聖書Ⅰ　新共同訳 佐藤 優解説
新約聖書Ⅱ　新共同訳 佐藤 優解説
佐藤優の集中講義 民族問題　佐藤 優
池上彰の宗教がわかれば世界が見える　池上 彰
新・戦争論　池上 彰 佐藤 優
大世界史　池上 彰 佐藤 優
新・リーダー論　池上 彰 佐藤 優

グローバルサウスの逆襲　池上 彰 佐藤 優
独裁者プーチン　名越健郎
韓国併合への道 完全版　呉 善花
侮日論　呉 善花
韓国「反日民族主義」の奈落　呉 善花
イスラーム国の衝撃　池内 恵
グローバリズムが世界を滅ぼす　エマニュエル・トッド ハジュン・チャン 柴山桂太・中野剛志・藤井聡・堀茂樹
「ドイツ帝国」が世界を破滅させる　エマニュエル・トッド 堀 茂樹訳
シャルリとは誰か？　エマニュエル・トッド 堀 茂樹訳
問題は英国ではない、EUなのだ　エマニュエル・トッド 堀 茂樹訳
老人支配国家 日本の危機　エマニュエル・トッド
第三次世界大戦はもう始まっている　エマニュエル・トッド 大野 舞訳
トッド人類史入門 西洋の没落　エマニュエル・トッド 片山杜秀・佐藤 優
中国4・0　エドワード・ルトワック 奥山真司訳
戦争にチャンスを与えよ　エドワード・ルトワック 奥山真司訳
日本4・0　エドワード・ルトワック 奥山真司訳
ラストエンペラー習近平　エドワード・ルトワック 奥山真司訳
世界最強の地政学　奥山真司

リーダーシップは歴史に学べ　山内昌之
地経学とは何か　船橋洋一
地政学時代のリテラシー　船橋洋一
大学入試問題で読み解く「超」世界史・日本史　片山杜秀
ベートーヴェンを聴けば世界史がわかる　片山杜秀
戦争を始めるのは誰か　渡辺惣樹
第二次世界大戦 アメリカの敗北　渡辺惣樹
韓国を支配する「空気」の研究　牧野愛博
金正恩と金与正　牧野愛博
知立国家 イスラエル　米山伸郎
「中国」という神話　楊 海英
独裁の中国現代史　楊 海英
ジェノサイド国家中国の真実　于田ケリム 楊 海英
人に話したくなる世界史　玉木俊明
16世紀「世界史」のはじまり　玉木俊明
トランプ ロシアゲートの虚実　小川 聡 東 秀敏
世界史の新常識　文藝春秋編
ヘンリー王子とメーガン妃　亀甲博行

コロナ後の世界 ジャレド・ダイアモンド ポール・クルーグマン リンダ・グラットン マックス・テグマーク スティーブン・ピンカー スコット・ギャロウェイ 大野和基編
コロナ後の未来 ユヴァル・ノア・ハラリ カタリン・カリコ ポール・ナース リンダ・グラットン リチャード・フロリダ スコット・ギャロウェイ イアン・ブレマー 大野和基編
パンデミックの文明論 ヤマザキマリ 中野信子
盗まれたエジプト文明 篠田航一
歴史を活かす力 出口治明
世界一ポップな国際ニュースの授業 藤原帰一 石田衣良
悲劇の世界遺産 井出 明
シルクロードとローマ帝国の興亡 井上文則
いまさら聞けないキリスト教のおバカ質問 橋爪大三郎
プーチンと習近平 独裁者のサイバー戦争 山田敏弘
ウクライナ戦争の200日 小泉 悠
終わらない戦争 小泉 悠
大人の学参 まるわかり世界史 津野田興一
大人の学参 まるわかり近現代史 津野田興一
ウクライナ戦争はなぜ終わらないのか 高橋杉雄編著
中国「軍事強国」への夢 劉 明福 峯村健司監訳 加藤嘉一訳
教養の人類史 水谷千秋

◆政治の世界

民主主義とは何なのか 長谷川三千子
司馬遼太郎 リーダーの条件 半藤一利・磯田道史 鴨下信一他
自滅するアメリカ帝国 伊藤 貫
新しい国へ 安倍晋三
日本に絶望している人のための政治入門 三浦瑠麗
あなたに伝えたい政治の話 三浦瑠麗
政治を選ぶ力 橋下 徹 三浦瑠麗
日本の分断 三浦瑠麗
国のために死ねるか 伊藤祐靖
田中角栄 最後のインタビュー 佐藤 修
日本よ、完全自立を 石原慎太郎
内閣調査室秘録 志垣民郎 岸 俊光編
軍事と政治 日本の選択 細谷雄一編
兵器を買わされる日本 東京新聞社会部
県警VS暴力団 藪 正孝
地方議員は必要か NHKスペシャル取材班
知事の真贋 片山善博
政治家の覚悟 菅 義偉
小林秀雄の政治学 中野剛志
枝野ビジョン 支え合う日本 枝野幸男
検証 安倍政権 アジア・パシフィック・イニシアティブ
安倍総理のスピーチ 谷口智彦
統一教会 何が問題なのか 文藝春秋編
シン・日本共産党宣言 松竹伸幸
私は共産党員だ! 松竹伸幸
なぜ日本は原発を止められないのか? 青木美希
中国「戦狼外交」と闘う 山上信吾
池田大作と創価学会 小川寛大

文春新書のロングセラー

磯田道史
磯田道史と日本史を語ろう
日本史を語らせたら当代一！ 磯田道史が、半藤一利、阿川佐和子、養老孟司ほか、各界の「達人」を招き、歴史のウラオモテを縦横に語り尽くす
1438

エマニュエル・トッド 大野 舞訳
第三次世界大戦はもう始まっている
ウクライナを武装化してロシアと戦う米国によって、この危機は「世界大戦化」している。各国の思惑と誤算から戦争の帰趨を考える
1367

阿川佐和子
話す力
心をつかむ44のヒント
初対面の時の会話は？ どう場を和ませる？ 話題を変えるには？ 週刊文春で30年対談連載するアガワが伝授する「話す力」の極意
1435

牧田善二
認知症にならない100まで生きる食事術
認知症になるには20年を要する。つまり、30歳を過ぎたら食事に注意する必要がある。認知症を防ぐ日々の食事のノウハウを詳細に伝授する！

1418

橘 玲
テクノ・リバタリアン
世界を変える唯一の思想
とてつもない富を持つ、とてつもなく賢い人々が蝟集するシリコンバレー。「究極の自由」を求める彼らは世界秩序をどう変えるのか？
1446

文藝春秋刊